全球创新创业教育
研究报告

Global Innovation & Entrepreneurship Education Research Report

主编 ◎ 孙惠敏 陈工孟

经济管理出版社
ECONOMY & MANAGEMENT PUBLISHING HOUSE

图书在版编目（CIP）数据

全球创新创业教育研究报告/孙惠敏，陈工孟主编 . —北京：经济管理出版社，2016. 10
ISBN 978 - 7 - 5096 - 4248 - 1

Ⅰ. ①全…　Ⅱ. ①孙…　②陈…　Ⅲ. ①大学生—创造教育—研究报告—世界　Ⅳ. ①G640

中国版本图书馆 CIP 数据核字（2016）第 027088 号

组稿编辑：魏晨红
责任编辑：魏晨红
责任印制：黄章平
责任校对：赵　凡

出版发行：经济管理出版社
　　　　　（北京市海淀区北蜂窝 8 号中雅人厦 A 座 11 层　100038）
网　　址：www. E - mp. com. cn
电　　话：（010）51915602
印　　刷：北京市海淀区唐家岭福利印刷厂
经　　销：新华书店
开　　本：720mm × 1000mm/16
印　　张：9
字　　数：161 千字
版　　次：2016 年 10 月第 1 版　　2016 年 10 月第 1 次印刷
书　　号：ISBN 978 - 7 - 5096 - 4248 - 1
定　　价：180. 00 元

《全球创新创业教育研究报告》
编委会

指导单位

中国技术创业协会天使投资联盟

中国创业研究院

编写单位

宁波市国泰安高校创新创业教育中心

宁波大红鹰学院国泰安创业学院

深圳市国泰安职业教育研究院

主　编

孙惠敏　宁波大红鹰教育集团执行总裁

宁波大红鹰学院党委书记

陈工孟　国泰安职业教育与产业发展研究院院长、

上海交通大学金融学教授、博士生导师

副主编

丁　艳　国泰安职业教育与产业发展研究院副院长

李　羽　宁波大红鹰学院副校长

编委会委员（以姓氏拼音为序）

陈东华　　仇旭东　　董丽君　　冯　诚　　房巧红
高　宁　　高宝岩　　高思凯　　葛云峰　　赟金洲
黄惠青　　李继芳　　李书进　　潘一龙　　邵际树
唐应元　　唐雪莲　　佟雪铭　　王春雷　　王永贵
宣葵葵　　张翠凤　　张晶晶　　朱　珠　　赵迎军

编写人员（以姓氏拼音为序）

黄小龙　　胡海燕　　金　秀　　李　畅　　隆金玲
李梦佳　　黎　巧　　李文婷　　刘微娜　　梅　榕
申　丽　　盛　洁　　时昌玉　　宋喜宝　　陶　娜
汪　鹃　　吴海燕　　邢华林　　杨　婷　　曾园英
张丹丹　　张　芬　　赵　龙　　周　珣　　朱　青

前　言

当前，我国"大众创业、万众创新"的号角已经吹响。人才是创新的根基，创业教育作为培养创新创业人才的重要抓手得到国家和社会的高度关注。2015 年 5 月，国务院办公厅出台《关于深化高等学校创新创业教育改革的实施意见》，对创新创业教育改革做出系统设计、全面部署，标志着我国创业教育步入全面发展的新阶段。

创业教育最早起源于美国，其为美国创新型经济发展提供了源源不断的动力，并助推美国从历次金融危机中复苏。英国、德国、日本等发达国家也高度重视创业教育，将创业教育纳入整个国民教育体系之中，系统推进创业教育发展。我国创业教育起步较晚，发展环境及模式尚不完善。在"大众创业、万众创新"大背景下，大力推进创业教育，为我国创新驱动发展战略的实施培养创新创业人才已迫在眉睫。

2016 年是"十三五"开局之年，也是经济结构调整、产业转型升级的关键之年。如何突破陈规，适应经济社会发展的新形势、新要求，将创新创业教育融入人才培养的全过程，已成为学校、企业乃至全社会亟须研究的重要课题。为此，宁波市国泰安高校创新创业教育中心、宁波大红鹰国泰安创业学院以及深圳市国泰安职业教育研究院联合编纂《全球创新创业教育研究报告》（以下简称《报告》），对美国、英国等发达国家的创业教育模式、课程体系、师资队伍建设等进行系统分析，以期为我国教育学界和产业界提供借鉴和参考，亦希望为政府有关部门提供决策依据，进而为我国创业教育的发展贡献微薄之力。在《报告》的编纂过程中，得到了有关政府部门、行业协会、专家学者等的大力支持和专业指导，在此表示感谢！

为尊重知识产权，我们严格要求所有编纂人员在编写文稿时必须注明参考和引用文献资料的出处和来源。尽管如此，由于编纂工作的复杂性，在资料搜集和文稿编纂过程中依然可能存在一些疏漏，敬请海内外的有关专家学者、教育界人士给予批评指正，以便进一步提高《报告》的编纂质量。

《全球创新创业教育研究报告》编委会
2016 年 10 月

目　　录

第一部分　全球创业教育发展概述

创业教育最早始于 20 世纪 40 年代的美国。1998 年，创业教育被联合国教科文组织称为教育的"第三本护照"，与学术教育、职业教育具有同等重要的地位和作用，并且随着硅谷奇迹的出现，创业教育逐渐受到世界各国的关注和重视。如今在经济日益全球化、科技不断进步、国际竞争日趋加剧的背景下，各国的竞争都聚焦在创业与创新水平上。以创业为特征的知识经济时代，创业型人才和人力资源越来越成为推动社会经济发展的首要战略资源。创业教育作为培养创业型人才的重要抓手，迎来发展的黄金时期，成为各国教育改革的重要部分。本书在梳理全球创业教育发展历程的基础上，展望其未来发展的趋势，从而对创业教育整体发展有清晰的认识。

一、创业与创业教育的概念[①]

创业和创业教育概念在学界是一个颇有争议的话题，创业教育的研究者们在近二十年的时间里对这两个概念众说纷纭，却一直未能达成共识。但是，概念的界定对于决策者、研究者和实践者都有着重要的意义。教育政策决策者首先必须弄清的一个重要问题就是创业和创业教育概念的内涵以及创业教育的目标；创业教育的研究者和实践者也必须以此作为研究和实践的出发点。因此，下文将借鉴

---

① 牛长松、菅峰：《创业教育的兴起、内涵及其特征》，《高等农业教育》2007 年第 1 期，第 25 – 29 页。

国内外相关文献，分析创业与创业教育的概念及内涵。

（一）创业的定义

1934 年，经济学家熊彼特（Schumpeter）提出了现代意义上的创业概念。他认为："执行一些新的组合，我们称之为创业；执行这些组合的人，就是创业者。"具体来说，新的组合包括：①开发新的产品；②采用新的生产方法；③开辟新的市场；④寻求新的供给来源；⑤实现新的组织形式。可以看出，创业的核心精神是"新"。

综合相关文献，研究者主要从三个不同的视角对创业进行定义：一是从创业者人格特质的角度来定义；二是从创业者所从事的活动来诠释创业；三是强调创业的过程和结果。

1. 个人特质的视角

从个人特质的视角出发，研究者对创业者所具有的共同特质进行研究与描述。Gibb（1993）列出了创业者所具有的一些特征，如主动性、说服能力、灵活性、创新能力、解决问题能力、成就需求、适中的冒险性、自我掌握命运的信念、领导力和勤奋等，并认为这些特性不仅对创业重要，而且对其他方面也同样重要。威尔斯和怀特（Welsh 和 White）认为，创业者的特质表现为冒险、想象力、自信、控制个人经济命脉的渴望、勤奋工作的意愿、应对失败及成功的能力。蒂蒙斯（Timmons）将创业者的特性归纳为自信、目标导向、适度的冒险、自我控制、独创或创新。卡兰德（Carland）等学者通过对相关文献的整理和分析得出创业者的概念：创业者以追求利润和成长为目标，创办和管理企业，其最重要的特征是创新性并在经营企业的过程中善于利用管理策略。

虽然人格特质的研究方法是一种有用的工具，但也引起部分学者的质疑，该工具存在一定的缺陷：①人格特质并非一直处于稳定状态，会随着时间的改变而改变；②衡量评判容易带有主观性；③忽略文化与环境的影响；④忽略创业过程的教育、学习与训练；⑤未考虑到各种人口统计变化对企业家精神倾向的影响。

2. 创业活动的视角

由于创业者个人特质研究的局限性，创业研究转向了创业者做什么即创业活动的研究。Cole（1968）将创业定义为发动、保持和发展一个利润导向企业的有目的的活动。Kirzner（1985）认为，创业者发现利润机会并采取行动来改变目前不满意的状况或者使事情更加有效。有些学者则指出，创业者的活动是创建新企业的行为，而创建新企业包含了很多活动，如创新、主动进取、资源合并、承担风险与组织管理等。Gordon（1986）提出创业行为的七种形式：①评估新机会的获利性；②获得财务资源的支配权；③厂房设计、科学技术与建筑的监督；④招募和训练新进人员；⑤和政府来往；⑥与供应商及购买者保持密切的联系；⑦主动意识到新经济活动，包括新产品、新生产程序、新市场。

虽然创业活动视角的研究方法规避了个人特质研究的局限性，但自身也存在一定问题。这种定义忽略了企业家创业与环境互动，没能考虑企业家活动的可变性，创业受创业者所处的文化和制度环境的影响，这些影响因素综合成支持因素和创业壁垒。因此，现在的学者都偏向于在动态环境中分析创业的过程。

3. 创业过程的视角

创业过程的观点认为，应该在非均衡的、动态的环境中来探讨创业者如何发现和识别机会。蒂蒙斯（Timmons）基于哈佛大学商学院和百森商学院的创业工作将创业定义为一个无须考虑现有控制的资源，创造和抓住机会的过程。随后，蒂蒙斯又在其创业教育经典教科书"New Venture Creation"中做如下定义："创业是一种思考、推理和行动模式，是一种追求机会，整体权衡，具有领导能力的行为。"

库拉特科（Kuratko）在《创业学：理论、过程和实践》中认为，创业是充满远见、变革和创造力的动态的过程，它需要把新的想法和创造性解决问题的方法付诸实施的精神和热情。创业成功的基本要素包括承担各种风险的意愿、有效管理创业团队的能力、整合各种资源的技能、制定创业计划的能力以及在混乱中辨识机会的远见。

综上所述，创业是一个含义丰富的概念，创业概念界定的多重视角恰恰证明了创业是一种综合的实践活动，不同的视角从不同的侧面反映了创业的内涵，这几个不同方面之间相互关联、相互制约、相互契合。同时，我们也可以提炼出创业的本质内涵：创业是一种思维方式和行为模式，其核心要素在于创新。创业精神即创业者在创业的过程中，在强烈的创业热情和动机的驱动下，在混乱无序、变化、不确定的环境中甘冒风险去寻求和把握机会，整合资源并创造价值。

（二）创业教育的内涵

创业的多重视角研究也为创业教育提供了理论依据，并对传统教育产生了冲击，提出了挑战。国内外的专家学者对创业教育进行了界定。

王英杰在《创业教育教程》中认为，创业教育就是激发青少年开发自己的最大潜能，善于发现和把握一生中通往成功的无数的潜在机遇，以开发和增强青少年的创业基础素质，培养具有开创性的个性人才为目的的教育。

美国考夫曼企业家精神研究中心（The Kauffman Center for Entre‐preneurship Leadership）将创业教育定义为向个体教授理念和技能，以使其能识别他人所忽略的机会，勇于做他人所犹豫的事情，包括机会认知、风险性的整合资源、开创新企业和新创企业管理等内容。

创业教育学家贝沙尔（Bechard）和图卢兹（Toulouse）认为，创业教育是一种教学模式，教育与创造每一个对于商业创造或中小企业发展有兴趣的人，集合各种信息，通过一些项目和计划提高创业意识、商业创造性或小商业的发展。

琼斯（Jones）认为，创业教育是一个过程，其旨在培养个体识别商机的能力，并据此采取行动的远见、自立、知识和技能，具体内容包括辨别机会、将概念商业化、面对风险整合资源和创办企业，同时也包括传统的商业课程如管理学、市场学、信息系统和财政学。

美国百森商学院的蒂蒙斯（Timmons）教授认为，学校的创业教育应该不同于社会上的以解决生存问题为目的的就业培训，更不是一种"企业家速成教育"。真正意义上的创业教育，应当着眼于未来几代人设定的"创业遗传代码"，以造就最具革命性的创业一代作为其基本价值取向。

在1991年的东京会议上，联合国教科文组织对创业教育作了广义和狭义的区分，广义的创业教育是指培养具有开创性的个人，它对于拿薪水的人同样重要，因为用人机构或个人除了要求受雇者在事业上有所成就外，正在越来越重视受雇者的首创、冒险精神、创业和独立工作能力以及技术、社交、管理技能。狭义的创业教育则是为目标人口，特别是那些贫困人口和处于不利地位的人口，提供急需的技能、技巧和资源，使他们能够自食其力。

由此可见，学者对创业教育概念内涵的认识存在着分歧和争论，这种争论不仅在于概念本身的不一致，还在于创业目标的不一致，即创业教育是为创业而教育（Education "for" Enterprise），还是关于创业的教育（Education "about" Enterprise），或是通过创业而教育（Education "through" Enterprise）。"为创业而教育"的目的是鼓励个体直接考虑创办自己的企业，即创业实践；"关于创业的教育"的目的是给个体提供关于企业特别是小企业特性的一些信息，即创业知识；"通过创业而教育"的目的是培养个体的创业品质，即创业精神和创业能力。

那么，能否得到有关创业教育一致的界定呢？学界普遍认为，这种想取得一致概念的努力是无效的。创业教育与其他学科之间的边界是模糊不清的，创业教育不仅是教育领域的术语，也是政治和经济领域的术语。创业教育和经验性学习、与工作有关的学习（Work - related Learning）、行动学习（Action Learning）等概念存在着意义上的重叠。创业教育因文化而异，不同的文化背景下创业教育的概念和使用是有区别的，同时包含了个体和公众不同的价值判断。

二、创业教育的发展历程

创业教育最早可追溯到 20 世纪 40 年代。1947 年，哈佛大学商学院率先以 MBA 学员为对象开设了创业课程。但在之后的二三十年里，创业教育并没有引起过多的关注。在此时期，全球创业教育基本处于萌芽状态，还没有形成独立的、完整的概念体系。

20 世纪 70 年代以来，国际经济形势发生变化，一些大企业无法迅速调整以适应变化的经济环境，以高科技为主导、运行机制灵活、不断创新的中小企业迅速发展，不仅支撑了各国经济增长，而且为社会创造了更多的就业机会。在美国，雇员少于 500 人的中小企业雇用了 53% 的私人劳动力，占有了 47% 的市场销售份额，占美国国内生产总值的 51%。而整个欧盟有 2300 万家中小型企业，占据了私人部门的 67%，并且提供了 8000 多万个就业岗位。在就业已成为制约各国经济发展难题的情况下，大企业不仅没有创造新的就业，反而可能会制造新的失业。

中小企业的创业实践在引发经济领域变革的同时，也对整个社会产生了深远的影响。一个国家的竞争力主要依靠企业和个人从事创新活动和参与新经济活动的能力，而创业的核心要素就是创新。创业企业以创新为核心，推动科技的进步，提高生产效率；以变革和竞争为手段，改变市场结构，促进经济的持续繁荣。因此，创业有助于增强国家的核心竞争力。此外，作为一种全新的理念，创业也已逐渐渗透到社会生活的各个领域。创业的内涵远非是新企业的建立，它已成为一个整合的概念，成为一种思维方式和行动模式。创业精神，如寻求机会的能力、创新的倾向、承担风险的意愿及把想法付诸行动的坚韧性，不仅渗透进创业者的创业活动中，也渗透进经济领域之外，如政府部门、医疗机构、大学等非营利性组织中。

创业教育兴起的另一个动因来自学生的需求。在美国，18～29岁的青年中超过60%的人想拥有自己的企业，80%的18～34岁的青年想成为企业家。英国的一项调查显示，25%的学生有经营企业的想法，41%的学生希望成为自我雇佣者。而在这些有创业欲望的学生中真正具有创业知识和技能，了解创业过程的却寥寥无几。学生所表达的修习创业课程的愿望促使越来越多的大学将有关创业的课程和创业项目融入商学院或管理学院课程体系之中，并引入非商业课程中。

经济领域的创业活动要求教育肩负起培育创业文化、培养创业人才的使命。创业教育，特别是高等教育阶段的创业教育培养具有冒险意识和创业精神的人才，并引向知识溢出或衍生企业（University Spin – off）的创办，是大学与外部社会特别是企业界建立密切联系的必然要求。1989年11月，联合国教科文组织在北京召开"面向21世纪教育国际研讨会"，并在与会报告《21世纪的教育哲学》中提出了"事业心和开拓心的教育"的概念，后被译成"创业教育"，提出创业能力被视为未来的人应掌握的"第三本教育护照"，要求把创业教育提高到与目前学术性教育和职业性教育同等的地位。

当前，许多国家开始重视创业教育，并强调"自我雇佣"。创业教育不仅传授就业所需的职业知识、职业技能和职业态度，并培养其创业意识及其创业能力。与此同时，政府部门还配之以相关的鼓励创业的优惠政策。创业教育的战略在不少国家和地区获得成功。以英国为例，大学毕业生和各种失业人员中的自我雇佣率大大提高，从1985年的11%上升到1990年的13%，再到1995年的20%。

经过半个多世纪的发展，创业教育经历了从业余课程教学到专业教学再到学位教学的过程，从片面的职前训练到系统性教学的过程，而今在全球范围内呈现快速发展的态势。在经验丰富的部分国家和地区，创业教育教学机构、组织纷纷成立，创业教育的课程体系趋于完善，相关教学、研究水平不断提高，创业教育的成果丰硕。

三、创业教育的发展趋势

经过半个多世纪的发展、演变，创业教育受到许多国家的重视，逐渐被纳入整个国民教育体系。目前，世界上已有 1600 多所大专院校开设了与创业有关的课程，创业教育呈现快速发展的态势，成为全球教育改革发展的一大潮流。

（一）创业教育作用日益提升

哈佛大学早在 20 世纪 40 年代就开设了创业类课程，揭开了创业教育在美国高等教育领域发展的序幕。而今，面临着一个动态的、迅速变革的创业和全球环境，教育机构（尤其是大学）要谋求生存发展，就需要进行整体范式转换和角色转变，扮演促进创新创业教育的环境塑造者角色，积极开展创业教育，并在政策、资源、制度方面保证创业教育得以顺利实施。

当前，创业教育已被纳入世界众多国家和地区高等教育机构的办学日程中。但大学的创业教育不仅要体现在通过科技园区、校企合作等方式激励大学生的创业精神中，更要通过有效的创业教育实施过程来传授创业知识和培养创业技能。作为一种培养人的创新精神和创新能力的教育形态，创业教育不仅要面向商学院、工程学院中试图创业的学生，还完全有必要面向不同类型的学生群体和所有的学科领域，通过创业教育与学科之间的融合，使创业教育对学生产生不同层次的影响。

（二）创业教育体系不断完善

越来越多的欧美国家正在逐步将创业教育纳入整个国民教育体系之中，努力制定涵盖所有教育阶段的创业教育发展战略，并且逐步形成了一套较为科学、完善的创业教育教学、研究和管理体系。有些国家甚至在初等教育与中等教育阶段的课程中就引入创业教育的相关理念与内容，从小培养孩子们的创业心理意识和精神品质；并且这样的课程与高等教育阶段的创业教育相衔接，从而构成一个完整的终身创业教育系统。

目前，大多数欧美国家创业教育体系囊括了创业教育课程、高校创业学专业、创业教育研究机构等，基本建立了一个高校、社区、企业三者之间良性互动发展的创业教育生态系统，营造了浓郁的校园创业文化氛围。此外，在创业教育体系不断完善的背景下，许多欧美高校纷纷设立了"创业教育中心"，其主要目的是帮助大学生们开发创业思维、激发创业热情、提升创造力以及培养在瞬息万变的社会中捕捉商机的能力。

（三）创业教育更需创新驱动

创业教育是一项复杂的工程，绝非高校自身所能完成。创业教育应该是高校、政府、地方教育机构、企业家、非政府组织等社会各界的共同责任。从这个意义上讲，外部社会环境的变迁需要地方高校进行相应变革，就是要有更多的开放、更多的共享、更多的互动，高校创业教育急需形成包含不同利益相关者群体在内的治理机制，从而持续推动创业教育的发展。

在市场配置资源起决定性作用时，经济发展的原动力将是那些富有企业家精神的、提供各种创新产品和服务的创业型企业。与此同时，市场、社会、政府、个人四者的关系也会得到重新梳理，以政府为主导的投资减少以及管制的放松，将激励民间资本大量涌入那些产品附加值高、以创新为主要驱动力的产业中，金融、教育、咨询、医疗、互联网等知识密集型创业企业的境况也会得到显著改善。外部环境的变化也会激励更多的年轻人去选择创业，实现自己的理想。

在这样的大趋势之下，创业教育的转型发展必须考虑到外部环境的变化趋势，将创业教育的发展与未来经济社会整体变迁的需求相对应，从而最大限度地激发大学生创业的理想与热情。同时，改革创业教育的治理结构，建立起高校、企业、科研机构、政府、社会组织之间多元合作、互动共享的创业教育参与机制，形成不同利益相关者群体的长期信任与合作关系，营造开放的创新资源流动方式，最终形成以创新驱动为导向、以知识创业为主体、以创业教育公共治理机制为保障的高校创业教育体系。

（四）创业教育内容更加多样

随着时间的推移，欧美高校创业教育的内容结构体系逐渐突破了教育和研究二元传统结构，越来越多的高校在创业教育过程中加入了外部拓展活动。一般情况下，欧美高校开展创业教育首先从开设一门创业教育基础课程起步，然后不断积累经验和师资，逐渐丰富创业教育类课程体系，在此基础上再申请设立创业学或创业管理专业。他们所开设的创业教育课程大约有十几门，如创业学原理、创业项目选择、创业财务、创业营销、小企业成长管理、创业人力资源管理、创业投资学、风险企业成长战略等。这些课程之间相互交叉和渗透。

在创业教育课程教学以外，许多欧美国家高校逐步加强创业实践，将创业教育的内容不断向实践环节和校外拓展、延伸。为此，各高校都十分注重发挥创业中心的桥梁纽带作用，通过学校创业中心与校外的小企业孵化器、科技园、风险投资机构、大学生创业基金等机构建立广泛联系，以借此开展创业实践活动。还有许多高校通过创业计划竞赛促进创业教育，如美国高校就通过广泛举办创业竞赛，将竞赛经验融入创业教育课程中，并把产业竞赛和课程体系建设结合起来，促进创业教育的不断发展。

第二部分　发达国家或地区的创业教育分析

随着国际一体化进程加快，全球竞争日益加剧，创新创业已成为21世纪经济发展的引擎，是当代科技进步的"助推器"。创业教育最早起源于欧美等发达国家，至今已有60多年的发展历史。在政府和社会各界的高度重视下，很多国家都已建立了一套较为完善的创业教育体系，在实践探索过程中也积累了丰富的经验。本书选取美国、英国、日本、德国以及中国台湾的创业教育体系进行详细、深入的分析，系统剖析这些国家或地区的创业教育发展情况及特色。

一、美国创业教育分析

创业教育理论研究和实践最早兴起于美国，经历了从课程教学到专业教学，再到学位教学的过程，已经形成了非常完善的教育体系。美国创业课程的设置、大学创业中心的建立、各种商业计划竞赛、创业基金会的保障和支持等为美国创业活动和创业教育提供了良好的发展环境，极大地推动了美国创业教育的发展。

（一）美国创业教育发展概述

创业教育是一种主体性教育，是一种更高层次的素质教育。美国创业教育已有60多年的历史，创业精神的倡导及创业教育的实践对美国经济飞速发展起到了举足轻重的作用。纵观美国创业教育的发展进程，其从萌芽走向成熟，再迈向尖端化，总体来说经历了萌芽、探索、发展和完善四个阶段。

1. 萌芽阶段——20 世纪 70 年代以前

美国的创业教育可以追溯到 1919 年，美国商人霍勒斯·摩西创立青年商业社（Junior Achievement），青年社对高中学生实施商业实践教育，帮助那些有创业意愿的学生成立自己的公司，进行市场调研、商品选择、营销方案确定、建立公司账目、计算盈亏等。1947 年，哈佛大学商学院的 Myles Mace 教授率先开设了一门创业教育课程：《新创企业管理》（Management of New Enterprises），这是创业教育在大学的首次出现。但在随后的 20 年里，高校的创业教育并没有得到很好的发展，甚至最先开设创业课程的哈佛大学教授也因为担心创业领域没有很好的学术发展前景，而把研究方向转到大企业的董事会上去了，直到 1968 年，美国仅有 4 所高校开设了创业方面的课程。

在这一阶段，创业教育没有得到很大的关注，创业教育课程目标局限于小企业创建和为创业者创造财富。产生这种结果的主要原因是缺乏创业教育成长的社会环境，当时美国正处于大工业化时代，经济快速增长，大公司繁荣发展，小公司则不断减少，因此对创业教育的需求较弱。

2. 探索阶段——20 世纪 70 年代

1973 年，中东石油危机引发了第二次世界大战后最严重的世界性经济衰退，美国经济结构开始转型，大公司开始大量裁员，失业人口不断增长，使得政府积极寻求创造工作岗位，市场对创业知识及技能培训的需求推动创业教育进入了全面探索阶段。美国政府加大了对新创企业的扶持力度，出台了一系列有利于中小企业发展的政策，为中小企业的蓬勃发展提供了充分的人力资源保障。与此同时，第二次世界大战后出现的风险投资公司作为职业领域开始运作，支持潜在的创业者创业，为创业活动提供了大量的资金支持。

技术进步特别是计算机技术的广泛应用改变了产业特征，降低了许多行业的进入障碍，涌现出大量的创业机会，再加上硅谷的崛起和比尔·盖茨的出现，极大地激发了人们的创业热情，对创业管理知识和技能的需求开始涌现，促使越来越多的大学重视创业教育。虽然这个阶段课程缺乏系统性，仍采用传统的教学内容和方法，但是高校创业教育在创业平台建设以及非课程设置方面取得了长足的进步。

3. 发展阶段——20 世纪 80～90 年代

20 世纪 80 年代，美国的创业教育已进入发展阶段。随着美国经济结构的转型，创业环境逐渐成熟，政府主要通过立法、经济资助、科研投入、颁发指导性文件等一系列政策，有力地推动了创业活动的繁荣和创业教育的发展。开设创业课程的院校从1980年的163所增加到1984年的260所，1997年已有400所商学院开设了创业课程，1999年大约有1100所学院和大学开设了创业领域的课程，许多大学还开设了创业学和创业研究专业。

高校对创业教育的研究不断细化，专门的学术团体增加，创业教育也开始获得大量的捐赠资金。自1995年起，顶级的几家商学院每年获得的捐赠高达1000万美元，美国大学设立了几百个由企业或机构捐资设立的讲席教授席位，一些大学还在外部资助和支持下设立了相关的图书馆、孵化器等。同时，创业课程和小企业课程也得到广泛认同，绝大多数高校都开设了此类课程；教师培训工作也获得快速的发展，越来越多的高校建立了创业中心，开展创业计划大赛。

4. 完善阶段——2000年至今

进入21世纪以来，美国创业教育进入逐步完善和良性循环阶段，政策法律环境与社会支持网络都在日益完善。由于越来越多的国家意识到，无论是开发大学生技能、提升大学竞争力，还是促进经济发展、增加社会就业率，创业教育都有至关重要的作用，因此，美国高校逐步完善创业教育课程体系，呈现出"大众化"和"尖端化"的发展趋势。无论是面对市场识别机会、评估风险、把握机会创办企业的"商学院型"创业者，还是用技术创新、管理创新、创造机会创办企业的"工程学院型"的学术类创业者，都急需接受系统的创业培训和教育。

在此阶段开设创业课程的大学数量迅速增加，呈现爆发式增长，开设创业教育课程的院校在2003年初达1600多所，开设2200多门相关创业教育课程，有227个创业教育捐赠席位，100多个创业教育中心。至2007年，提供2年制和4年制的创业课程已超过5000门，创业教育在美国得到快速的发展[1]。目前，创业教育已成为美国高等教育发展最为迅速的学术领域之一，已形成了完整且各具特色的教学计划和课程体系。

---

① 王琼花、张业平、秦风梅、邱玉辉：《美国创业教育体系构成和支撑分析及其对我国的启示》，《重庆师范大学学报》2013年第1期，第117－122页。

（二）美国创业教育实施体系

在美国，虽然有多种渠道可以接触到创业的信息，如商业贸易书籍、网络等，但能够更有效地对个体创业能力和素养进行培养的还是由各级各类教育部门构成的创业教育实施体系，主要包括 K－12 创业教育、社区大学创业教育、高等学校创业教育、研究生创业教育、Ph. D. 创业教育。

1. K－12 创业教育

K－12（从幼儿园到 12 年级的教育，泛指基础教育阶段）创业教育主要对就读于小学、初中和高中（共计 12 年基础教育）的学生进行与其年龄相适应的创业教育，其课程设置是让学生对创业有个初步的认识，对自由市场和经济发展态势有概括性的了解。K－12 计划由 12 个模块构成，每个模块介绍一个创业概念，让学生逐步了解创业教育知识，完成不同阶段创业教育的目标。此外，国家出版了面向儿童创业教育的教材，如《新的年轻创业者》（The New Youth Entre-preneur），该教材专门为小学的高年级学生和中学生（12～17 岁）设计，通过案例激发学生的创业兴趣，灌输创业理念。

2. 社区大学创业教育

美国社区大学与传统大学教育不同，其资金主要来源于社区所在地区征收的地方财产税，成为推动当地经济发展的重要部门。通常来说，社区大学主要是进行"职业"教育支持地方经济发展，在培养学生职业技能的同时，也肩负着培养受教育者创业能力的责任。社区大学提供涵盖公司创业信息的相关课程，主要包括如何创办小型企业、如何撰写创业计划书、如何创业等。学习这些创业课程，可以帮助个人建立自己的小企业。

3. 高等学校创业教育

美国高校创业教育经过 60 多年的发展，已经形成了适合于美国文化和经济体制的高校创业教育模式，成为培养创业人才的重要阵地。美国高校创业教育是典型的"市场驱动模式"，通过市场需求变化调整创业教育供给。目前绝大多数高校均开设了完善的创业教育课程，比如如何准备创业资金、如何创立企业、如何管理企业等。大学除了开设创业教育的专门课程以外，还会利用成功企业家的资金捐助设立创业中心。创业中心是连接学术理论界和商业界的桥梁，通常会举办创业计划竞赛，通过比赛的形式选拔出具有潜力的创业者，帮助他们争取广告商、投资商的支持，并为合适的创业项目提供税费减免，使学生的项目能够直接在"孵化器"里进行孵化。创业中心的课程通常不以正式的课堂教学的方式进行，一般会采用专题讨论和座谈的方式对创业项目进行论证，为创业者提供咨询服务①。

4. 研究生创业教育

MBA 创业教育课程几乎是美国所有商业学院的必开课程。以麻省理工学院为例，该校斯隆商学院开设创业课程已有 40 余年的历史，并一直秉持"学习和创业实践"的理念。美国大学除了给 MBA 学生开设创业课程外，也逐步给其他专业的研究生开设了创业教育课程。例如，斯坦福大学的创业研究中心已开发了 21 门跨学科领域的创业课程，同时面向 MBA 和其他专业学生开放，其技术创业项目（STVP）的目标是促进高新技术创业教育，提供未来工程师和科学家所需要的创业技术，更具有针对性。研究生水平的创业课程在美国几乎随处可寻，学习人数也逐年增多。

5. Ph. D. 创业教育

在研究生创业教育课程之上，美国部分大学开始设立 Ph. D. 创业教育课程。乔治亚大学、印第安纳大学、沃顿商学院已经专门开设了创业方面的博士学位课程。另外，一些学校在原有的商业教育课程内容中涵盖了部分创业方面的内容，如波士顿大学、科罗拉多大学波尔得分校、哈佛大学等。

（三）美国高校创业教育模式

美国高校创业教育之所以发展迅速，主要得益于其不断探索与院校发展目标相一致的、行之有效的创业教育模式。美国高校开展创业教育主要遵循两条轨迹：一是以建设创业学学科为目标的发展路径。教学活动多在商学院和管理学院进行，培养专业化的创业人才，多采用聚集模式（Focused Model）。二是以提升学生创业素养和创业能力为本位的发展路径。教学活动在全校范围内展开，主要培养学生的创业精神和创业意识，为学生从事各种职业打下基础，多采用辐射模式（Radiant - model）。磁石模式（Magnet - model）介于上述两种模式之间。这三种教育模式的具体区别如表 2 - 1 所示。

---

① 张琳琳、张桂春：《美国创业教育实施体系及对我国的启示》，《外国教育研究》2008 年第 1 期，第 80 - 83 页。

表 2-1　美国高校三种创业模式比较

类别	聚集模式	磁石模式	辐射模式
管理机构	由隶属于商学院或管理学院的创业教育中心管理	由隶属于商学院或管理学院的创业教育中心管理	全校范围内成立创业教育委员会，所有参与学院共同管理
资源	商学院或管理学院负责	商学院、管理学院负责	所有参与学院分别负责
师资	商学院或管理学院负责	商学院、管理学院负责	所有参与学院分别负责
学生	只针对商学院或管理学院的学生	针对全校学生	针对全校学生

1. 聚集模式——哈佛大学

"聚集模式"是传统的创业教育模式，将创业学作为一门独立的学科在商学院和管理学院发展。学生经过严格筛选，课程内容呈现出高度系统化和专业化特征，创业教育所需的师资、经费、课程等都由商学院和管理学院负责，学生严格限定在商学院和管理学院。这种纯粹性决定了"聚集模式"创业教育能够系统地进行创业方面的教学，其毕业生能真正进行创业的可能性及比例很高[①]。

哈佛大学商学院的创业教育是该模式的典型代表，并赋予"创业精神"一个新定义：没有机会创造机会、没有资源创造资源的行为。创业不再只是一种经济行为，更多的是一种创新行为。因此，约40%的哈佛大学 MBA 毕业生追求创业型职业生涯，如创业者、风险资本家等。哈佛大学创业教育有三大原则：其一，创业是团队行为的过程，个人行为只是整个创业活动的一部分，完整的创业过程需要团队的协作；其二，每个人都能成为创业者，创业教育的目的在于使学生认同创业并具备创业所需的能力和素质；其三，创业之所以是一种值得骄傲的行为，除了创业带来的成就外，更是因为它需要付出非比寻常的努力。哈佛创业教育成功的三大经验为：第一，创业过程完整，系统的创业教育过程使学生能够具备较为全面的创业能力和素质；第二，创业师资丰富，拥有60多名创业教师，其中理论与实践兼备的专业型企业导师不在少数；第三，创业项目覆盖面全，大一新生就开始学习创业基础课程，并有20多门课程供大二学生选修[②]。

---

① 梅伟惠：《美国高校创业教育模式研究》，《比较教育研究》2008 年第 5 期，第 52-56 页。
② 徐琼：《中美大学生创业教育模式比较研究》，中国计量学院硕士学位论文，2013 年。

2. 磁石模式——百森商学院①

采用磁石模式进行创业教育的高校相信创业行为不仅是商学院学生的专利，商学院以外的学生也能够创业。目前，针对全校学生开展创业教育的院校中采用磁石模式的比例为58%。该模式的创业教育往往先在商学院和管理学院成立创业教育中心，通过整合所有资源和技术吸引来自全校范围内的、不同专业背景的学生，具有很高的开放性。大部分创业教育课程，如创业计划、新创企业等适应各种专业背景的学生，如果学生对创业感兴趣，则可以修习创业课程，也可以根据自身情况和兴趣辅修创业课程。整个项目的发展依托商学院和管理学院的资金、师资、校友等，创业教育中心负责整个项目的规划和运行，既能整合有限的资源，打造优质创业教育项目，也有利于吸引新教师参与，促使校友募捐顺利进行②。

百森商学院由罗杰·百森于1919年创办，因适应全球环境变化的创业文化而世界闻名。百森商学院已经连续16年被《美国新闻与世界报道》（U. S. News & World Report）评为世界第一，是当之无愧的高校创业教育领导者，引领美国乃至全球创业教育的发展。百森商学院的创业教育主要由阿瑟·布兰克创业中心（The Arthur M. Blank Center）承担，该中心通过创新的课程方案和全球合作研究来扩展创业教育形式，激励创业精神和行为。学院在1967年开设了全球第一门创业管理研究生课程，1968年第一次在本科教育中增加了创业方向。经过几十年的发展，百森商学院已经形成了完善的创业教育课程体系，被誉为美国高校创业教育课程化的基本范式。

（1）创业教育课程目标。百森商学院本科的创业教育课程旨在培养学生能够适应从新创企业到大公司的所有环境中的创业意识；有能力识别机会，发起行动，获取成就；有承担风险的意愿和管理风险的能力；有激励合作伙伴向目标前行的能力和承担责任的勇气；有能力应对极速变化的社会环境，最终成为以创新精神开拓新局面的领袖人物。

百森商学院的研究生创业教育课程学习目标与百森的使命一致，旨在培养能创造巨大经济价值和社会价值的企业家领袖。经过课程学习使毕业生能够在各种环境和组织中创造、识别、评估机会并采取行动；能够做出基于利益相关者、道

---

① 韩琪瑄：《美国高校创业教育课程体系研究——以百森商学院和斯坦福大学为例》，河北大学硕士学位论文，2013年。

② 梅伟惠：《美国高校创业教育模式研究》，《比较教育研究》2008年第5期，第52-56页。

德考虑和维持社会、环境和经济价值的决策；充分了解自己的目的、身份和背景，并能从这样的理解出发做出决策；能够利用深厚的基础知识、多样化的技能和全面的视角应对商业挑战和机遇；能够在全球化的环境下，结合文化背景和复杂性的同时识别和评估机会；能够表现适当的领导力，重视不同观点和技能，并在不断变化的环境中协同工作，完成组织目标。

（2）创业教育课程结构。百森商学院基于广义课程的概念，不单指课程计划上开设的创业教育课程，学生在校从事或参与的任何学校组织实施的与创业教育有关的课内外活动或行为都归之为创业教育课程。在大课程理论的指导下，百森商学院打破了传统学科界限，把适应未来创业需要的创业意识、创业个性特征、创业核心能力等"创业遗传代码"和有关创业的社会知识进行了整合，力图通过创业精神、创业知识和能力的培养，实现创业教育的社会价值和个体价值之间的整合。这种整合性的课程结构，将学生置于完整的创业过程和创业经济人文环境中，引导学生对创业相关的经济、社会的思考，激发学生的社会责任感。

1）"三段式"本科创业教育课程。学校针对所有新生开设为期一年的跨学科创业必修课程，即"管理和创业基础"（FME）课程；针对有浓厚创业兴趣的大二学生开设了一个综合的、一年期的创业基本原理课程，即"创业精神培养强化课程"（ACE）；在完成了第一学年和第二学年的核心课程后，高年级的学生可以根据自己的兴趣选修新创企业、家族企业、公司创业和社会创业四个领域的课程进行深化学习。

2）"模块化"的研究生创业教育课程。学院的研究生创业课程主要包括MBA课程（MBA Programs）、执行经理人教育课程（Executive Education）以及其他一些辅助课程（Co-curricular Programs）。百森商学院的研究生院包含两年制全职班（Two Year Program）、一年制全职班（One Year Program）、快速班（Fast Track Program），以及在职夜校班（Evening Program）四种。在此主要介绍面向所有全日制 MBA 学生提供的综合创业课程。所有的 MBA 项目都采取统一的课程，包括核心课程和选修课程两种课程类型，学生将参与由同样的教师教授的核心课程，并可以从一组公共的课程中选择选修课程。

MBA 创业课程分为核心课程和选修课程两大类。核心"创业学"课程体系主要包括战略与商业机会、创业者、资源需求与商业计划、创业企业融资和快速成长五个部分，是最具百森特色的经典课程体系。百森商学院有着全美顶尖MBA 最大规模的选修课程，共有 22 门课程，包含组织的创造性管理、商业机会评估、企业管理与信息传递系统、全球化背景下的企业发展 4 个模块。这些课程可以分为三大类：①基础层次，向所有对创业生涯感兴趣的学生讲授基本创业技能；②专业层次，针对不同学科的创业活动，提供更深入的创业知识和技能；③支持层次，针对创业学习的某一特殊领域，讲授专门知识。

此外，为了实现"浸入式"的创业教育效果，百森商学院设计了丰富多彩的创业第二课堂，通过百森商会、百森创业教育会、百森创业俱乐部、创业融资集团、技术创业集团、电子大厦等多种渠道创造逼真的创业环境，给学生提供实践的机会。如表 2 - 2 所示。

表 2 - 2　百森商学院本科和研究生的创业课程体系

课堂类型	层次	课程名称
第一课堂	本科	一年级（必修）：管理和创业基础（FME） 二年级（选修）：创业精神培养强化课程（ACE） 三四年级（选修）：创业精神与新创企业、创业融资、创业和机会、中国特色的创业、中国企业结构与新创企业、新技术创业、百森 EPS 开发经验、环境友好和可持续的企业结构、企业成长战略、成长型企业管理、创业体验、家族企业、最优的创业机遇、新技术创业、创业者的营销、非营利性组织的创业精神
	MBA	核心课程：战略与商业机会、创业者、资源需求与商业计划、创业企业融资和快速成长 选修课程：组织的创造性管理、商业机会评估、企业管理与信息传递系统、全球化背景下的企业发展（4 个模块，共 22 门课程）
第二课堂		学生社团、"智囊团"的咨询与辅导、百森名人堂、创业计划大赛、百森电子大厦

（3）创业教育课程内容。百森商学院的创业教育课程内容体系是以创业过程来架构的。创业是一个过程，需要大学生思考是否要创业、创业需具备何种能力和素质、如何发现商机、如何创办企业、如何经营企业等，创业课程就是帮助大学生合理地寻求这些问题的答案。百森商学院把创业视为一个整体，按照创业的流程来划分课程内容的模块，努力使学习者置身于创建企业、发展企业这样一个动态过程中。

1）第一课堂。

①本科课程。

管理和创业基础（FME）。所有大一新生都必须参加为期一年的跨学科创业课程。该课程完全打破了传统的商科课程模式，将金融、统计、营销、心理学、管理学等学科的重要内容整合在一门课程中，由两名专门的教师采用创业理论知识和创业实践教学同步开展的方式，学生在学习了相关理论知识后，组成创业团队，投资、发展、创办、管理一个 FME 企业，并在学年末清算。每 10 名学生组成一个团队，学院向每个团队提供至多 3000 美元的启动资金，帮助企业初期的发展。学院强调企业社会责任的重要性，与当地社会服务机构建立合作关系，每个团队捐赠 80 小时的社区服务，FME 企业最终盈利全部捐赠给"社区服务计划"。

创业精神培养强化课程（ACE）。ACE 主要针对创业教育兴趣浓厚的大二学生，是一个综合的、一年期的创业基本原理课程。通过强化学习，使学生了解创业者应具备的个性与品质，学会创造和评估创业机会，学会撰写成熟的商业计划书等。

创业选修课。在完成了第一学年和第二学年的核心课程的学习后，高年级的学生可以根据自己的兴趣选修新创企业、家族企业、公司创业或社会创业四个领域共 14 门课程进行深化学习。课程内容几乎涉及创业所有领域，文理学科相互交叉的创业学课程，让学生充分地感受创业环境，使其毕业后能够胜任任何领域、任何环境的工作。这种基于创业全过程的学习有效地拓宽了学生的创业视野。

②研究生课程。

核心课程。研究生核心"创业学"课程被誉为美国高校创业教育的经典课程体系，主要由基本理论、案例分析和模拟练习等形式组成，把一个成功创业者所必须具备的意识、个性特征、核心能力和社会知识结构系统地进行了整合。"战略与商业机会"课的主要内容是详细阐述了创业发展机遇的创造与筛选过程；"创业者"课主要包含创业者的创业思想、思想道德和社会责任感；"资源需求与商业计划"课是通过案例分析来介绍资源的有效利用和商业计划的制定；"创业企业融资"课阐述了新创企业的融资策略与技巧；"快速成长"课主要讲授新创企业在发展初期可能面临的危机与应对方法。

选修课程。选修课程主要包括"高科技创业"、"成长型企业管理"、"社会创业"、"家族创业"、"连锁经营"、"创业营销"、"企业成长战略"、"小企业收购"、"创业融资"、"创业社会责任"、"风险投资与资本增值"等。创业选修课的覆盖面很广，有90%左右的MBA学生在毕业前能够完成基础层次的所有课程，超过63%的学生继续专业层次和支持层次的学习。

2. 第二课堂

百森商学院有着浓厚的创业气氛。为了实现"浸入式"创业教育的教学效果，百森商学院组织开展了丰富多彩的第二课堂创业实践活动，这些活动几乎涵盖了商业活动的所有方面，其设计和运作方式独具匠心，学生们如同生活在逼真的创业环境中。百森商学院的第二课堂创业活动主要有：

学生社团。学生社团有百森商会、创业俱乐部、创业融资集团、创业教学联盟等组织，补充学生创业课程以外的内容，协助学生制订商业计划，提供学生与创业家、风险投资家交流的机会，激发学生的创业热情。

"智囊团"的咨询与辅导。由优秀创业者、风险投资家、法律、金融、管理、会计专家等组成的"智囊团"，为寻找创业机会的学生提供咨询和辅导，为学生解决问题，提出建议，并协助学生发展创意，以确定商业模式和战略。

百森名人堂。1978年，百森商学院成立了世界上第一个创业名人堂，奖励那些对全世界创业发展做出卓越贡献的创业者。这些创业者积极参加百森商学院的各项创业活动，如担任百森商学院创业计划大赛的评委等，构建起学生与创业者的沟通平台。

创业计划大赛。百森商学院的本科生和研究生分别参加"约翰·马勒本科生创业计划大赛"和"道格拉斯基金会研究生创业计划大赛"。百森强调创业计划的可行性，邀请杰出企业家、风险投资家、校友组成评审团，为学生的创业计划提出反馈和建议。

百森电子大厦。百森电子大厦是百森商学院独特的孵化器项目，其目的是为准备创业和已经创业的本科生服务。有创业意向的学生团队在经过审核后，会在电子大厦中获得创业场地来孵化他们的企业，每个团队还配有一名专业教师指导学生的创业实践。创业团队须定时递交进度报告，如达到预期目标，则可以留驻。

（4）创业教育课程实施。"浸入式"创业教育方式将创业意识与企业家精神融入教学和管理的任何环节中，形成"整合式的、体验式的学习环境"。为了实现其教育理念和课程目标，在课程实施中需要选择有效的教学方法。百森商学院针对不同的课程类型和课程内容设置了不同的教学方法，在同一门课中也采用了多种教学方法。例如"创业和创新风险投资"课中使用个案研究的方法；"创业营销"课采用讲座、案例研究和分析的方法；"零售经营管理"课采用实践学习方法等。不同的授课方法增强了师生互动，且教授过程与创业活动周期相吻合，将企业家引入课堂，与学生、老师一起讨论，一起设计课程。

"问题中心"教学法的广泛应用。教师在教学中不是单纯的讲授，而是提出在创建企业和发展企业的动态过程中可能面临的实际问题，如"怎样在创业中进行有效地公关交往"、"怎样激发创造潜能"、"怎样有效地利用资源为企业融资和发展提供支持"等具体问题，这些问题不只是关于创立公司的经济和管理问题，还涉及公司的后续发展和创业者的社会责任，如"如何在发展中保持环境友好"等，引导学生进行全面而深入的思考和探索，实现对创业意识和企业家精神的培养。

创业精神与学科教学的融入。与富兰克林·欧林工程学院进行联合教学，在工程学课程中加入创业理论知识和创业实践活动，采用体验式教学法和项目教学法，组织百森商学院学生和欧林工程学院学生共同组成创业团队，制订工程学领域的商业计划并进行模拟创业等活动，培养具有创业精神和工程学背景的学生。

创业教育师资的培养和储备。1984年蒂蒙斯发起了"普瑞斯—百森伙伴"项目，组织成功创业者和富有经验的教师，召开"创业教育者研讨会"（SEE），以提高创业教育教师教学水平。自第一届研讨会召开以来，已经有来自420个学术机构、政府组织和基金会的1400多名学者和创业者参加了SEE培训项目。在与欧林工程学院的合作教学中，学院结合各自优势资源，启动了"工程教育教师培养项目"，开辟了创业师资培养的新形式，自2004年起，该项目已经培养了多批高水平的工程领域的创业教育师资队伍。

3. 辐射模式——伊利诺伊大学[①]

"辐射模式"是一种全校性的创业教育模式，其发展理念为：不仅要创设良好的氛围为非商学专业学生提供创业教育，还应该鼓励不同学院的教师积极参与创业教育过程。在管理体制上，学校成立了创业教育委员会，负责协调和指导全校范围创业教育的开展；所有参与学院要负责实质性的创业教育和活动，根据专业特征筹备资金、师资和课程等。与磁石模式的本质区别是让参与创业教育的学院共同管理创业教育，让不同学院的教师参与到创业教育工作中，根据本专业的特征设置创业课程，使学生能够结合自身的专业背景进行创业。

伊利诺伊大学的创业教育是辐射模式的代表，其创业教育实施机构由两个部

---

① 游振声：《美国高等学校创业教育研究》，西南大学博士学位论文，2011年。

分组成，其一是商学院的"创业领导研究所"，为全校教师、学生提供创业计划、创业服务和创业资源，其使命是在全校学生中激发创业意识和创业积极性；其二是工程学院的"技术创业者中心"，隶属于工程学院，主要致力于技术创新及将创新技术商业化。伊利诺伊的创业教育可以让不同学院的学生互选创业课程，打破学科边界，实现资源共享，让学生结合专业特征学习相关创业教育知识和技能，提高学习效率。

（1）创业教育课程。"创业领导研究所"致力于创业教育新课程的创建，其中核心课程主要关注创业，如"创业基础"、"小型企业咨询"、"创业与小型企业构建"、"创业公司的法律策略"等。另外还设置补充课程，形成支持创业的基础，如"项目管理"、"合伙经营收入税收"、"农场管理"、"个人和小型企业的资金决策"、"产品创新"、"企业地点决策"等。

伊利诺伊大学的"技术创业者中心"提供广泛的课程，包括为工程和科学学生提供基于技术的企业创办、管理及发展的课程。所有课程都涉及团队协作并较为关注技能展示。另外，课程涉及面广泛，从本科生和研究生的标准学术课程到大型公开讲座等。本科生创业课程有工程法律、技术创业、项目管理、工程项目预算与资金分析、与工程相关的营销与商业计划、技术商业化等课程。学校开设的课程始终围绕自己的优势进行，主要在创新技术的前提下实现技术商业化，向学生传授基于高新技术企业创建所涉及的知识。

2005～2008年，伊利诺伊大学的其他很多课程也融入了创业教育内容，如"西班牙语"、"社会工作"、"艺术与设计"、"商务管理"、"教育"、"性别与妇女研究"、"图书与信息科学"、"商务与技术写作"、"化学工程与生物工程"、"城市规划"等，并且上述课程大多数都纳入了大学本科通识教育的必修要求。

（2）创业教育计划。伊利诺伊的创业教育计划主要由创业学业计划和创业服务计划两部分组成，其中创业学业计划主要由8个方面组成，是学校重要创业教学体系，形成伊利诺伊创业教育的特色。

1）创业学业计划。创业证书。伊利诺伊大学商学院、法学院、农业—消费与环境科学学院联合提供生命科学领域创业与管理研究生证书计划，成为全校学术单位之间跨学科合作的典范。工程学院的"技术创业者中心"提供两个创业证书，分别是本科生层次证书和研究生层次证书，工业企业系统工程系提供"一般工程"本科学位，该学位要求学生必须选择第二领域。

创业辅修计划。学校于2008年建立本科生的创业辅修计划，由大学教师事务创业政策委员会起草设立。例如商学院和工程学院联合举办的"创业技术与管理"辅修。

创业本科计划。商学院商务行政管理系提供面向本科生的创业专业本科计划。

创业硕士计划。首先，工程学院工业企业系统工程系及普通工程系提供"系统与创业工程"硕士学位；其次，教育学院人力资源教育系在硕士层次提供创业专修；最后，商学院技术管理硕士与创业密切联系，该学位将教育与技术创业融为一体。

创业博士学位。与创业硕士相对应，工程学院工业企业系统工程系及普通工程系提供"系统与创业工程"博士学位，教育学院人力资源教育系在博士层次提供创业专修，商务行政管理中的战略管理团队支持博士计划中对创业焦点的关注。

技术商业化证书。"技术创业者中心"提供技术商业化课程，为本科及研究生提供创业机会，并为本科生提供技术商业化证书计划、研究生战略技术管理证书计划。

创业管理证书。该证书由基因生物研究所和商学院提供，主要面向生命科学和其他学科有创业意向并了解商务、经济及生物技术行业法律问题的医学博士、兽医学博士、哲学博士。

创业专业证书。该证书由商务行政管理系提供。商学院商务系支持专业研究创业的博士生，人力资源教育系支持专业研究创业教育及创业培训的博士生。

2）创业服务计划。公益创业夏季培训计划。该计划是当地社区组织为大学生提供连续三个周末的免费商务培训，大学生被安排在组织中免费实习，帮助学生发展自己的商务计划和组织策划。该计划的目的是发展学生的商务洞察力，使其更好地完成自己的任务。

初期创业者系列讨论计划。该计划让学生实践创业过程，且由教师对学生进行个别辅导，学生在实践过程不断完善商务计划。在此讨论计划中涉及书写商务计划书技巧、风险企业构成、市场研究、融资计划等。

全球大学生在线学习讨论计划。学校的创业领导研究所通过全球大学在线学习讨论计划向世界各国大学生提供服务，如商业计划书写作、融资策略分析等，通过摄制录像的形式，借助创业领导研究所的网站、世界大学网络向全球创业者提供服务。

（3）创业教育活动。

1）创业体验活动。伊利诺伊大学向全校学生提供大量可供选择的创业体验机会，如"思想碰撞"、"克拉勒开放之夜"、"募集资金及发展活动"、"伊利诺伊风险行动"等。通过这些实践机会，学生能够锻炼领导技能，点燃创业激情，获取创新创业新方法，扩大知识面并发展自己经营的企业。

2）创业学习活动。伊利诺伊除了向全校学生提供直接体验创业的机会外，也注重对创业知识与经验的获取，如提供机会让学生去研究园的公司中参加商务实习和学习。另外，学校在策划每年的辅助课程和体验学习活动时，都会考虑为不同学术背景、不同专业知识的学生提供相互学习和借鉴的平台，如"伊利诺——技术论坛"、"学生创新孵化器"、"创业讲习班"等，扩大学生的参与面与实践内容覆盖面。

（四）美国创业教育特色

美国是世界上实行创业教育最成功的国家之一，取得了骄人的业绩，培育出大批具有创新创业能力的人才，推动了整个社会经济和高新技术产业发展。美国创业教育在课程设置、培养目标等方面具有领导地位，其特色如下：

1. 前瞻性的创业教育理念

美国的创业教育从最初一门选修课发展成为今天成熟的独立学科，经历了长时间的探讨和摸索。在社会本位的高等教育价值观的影响下，结合多元化社会文化特点，美国大学根据自身使命和现实社会准确定位，形成各具特色的创业教育理念，呈现多元并存的现状。如美国百森商学院的创业教育思想是为了培养学生创业者的素质，特别是创业精神和创业能力，着眼于为未来的几代人设定"创业遗传代码"，以造就"最具革命性的创业一代"。哈佛大学商学院向来被视为美国企业界的"西点军校"，他们认为创业教育教会学生的不仅是"战略和流程"，而且是一种"生活方式"与"思考习惯"，要求学生具有创业意识和创业精神，让学生成为改变世界的人物，让他们可以驾驭新思想，创造市场和新的就业机会。尽管美国每所大学创业教育的理念各不相同，但都有明确而长远的创业教育理念，即创业教育不仅教授给学生创业过程所需要的技能与知识，更要培养创业过程中所需要的胆识和能力，创业教育始终坚守"为每个学生的自由发展服务的承诺，为学生将来的生活选择、职业发展做准备，以适应社会经济和国家发展的需要"。

2. 终身化的创业教育体系

创业教育是美国教育体系的一个重要组成部分。美国全面普及创业教育，贯穿小学、初中、高中、大学乃至研究生整个教育教学全过程，构建了涵盖基础阶段、能力意识阶段、创造性实践阶段、创业阶段和成长阶段五个阶段的终身创业教育模型。美国的创业教育协会曾指出，创业教育是一项终身性学习的过程，每一层次创业教育在个体创业意识和能力的培养上担当的责任是不同的。初高中等教育阶段的创业教育课程主要是让学习者对自由市场和经济发展态势有概括性认识，使他们了解企业的所有权形式，形成创业的意识，掌握创业的基础技能。本科及以上的创业教育课程除了进一步提高学习者的创造性、革新性品质，使其适应工作岗位的需要外，更主要的还是满足个体创业的需要，通过实践性的创业活动使学习者掌握创业管理的知识，形成出色的领导力和驾驭创业风险的品质，帮助学习者创办公司的同时，具备扩大公司发展规模、实现可持续发展的能力[1]。

3. 立体性的创业支持环境

美国政府在创业教育中起着重要的推动作用，通过制定和完善法律法规政策，从立法上保证创业教育的实施，从政策上、税收上支持创业活动的开展，从氛围上营造浓厚的创业文化大环境。美国政府相继出台一系列保护科技成果知识产权、促进中小企业发展、鼓励创业教育的政策、法律，并设立了创业教学基金，为创业教育提供资金和政府支持。如联邦政府出台的大学有权处置政府资助发明成果的法案——《拜杜法案》以及后期出台的《技术创新法》、《联邦技术转移法》等，意在完善保护知识产权的法律法规以及为创业企业提供更多的资金、技术、管理支持。

除政府政策支持以外，美国创业教育得到社会组织的大力支持，基金会、研究机构和企业等都在创业教育中发挥重要作用。中小企业管理局给准备创业和正在创业中的小企业提供低收费，甚至免费的技术支援；中小企业发展中心通过举办研讨会等各种形式的活动，为准备创业的学生提供咨询服务；由外聘的董事长、总裁等组成的智囊团，定期开会研讨，为创业教育出谋划策；由创业经验丰富的退休人员组成的志愿者咨询团，为创业学生排忧解难；家庭企业研究所负责开设家庭企业讲座，举办家庭企业研讨会，颁发杰出家庭企业奖，帮助家庭企业快速成长等。通过广泛吸纳社会资源，建立了多方位、多渠道、多层次的立体式创业教育社会支持体系，形成了政府、学校、社会企业良性互动的创业教育生态

---

① 张琳琳、张桂春：《美国创业教育实施体系及对我国的启示》，《外国教育研究》2008 年第 1 期，第 80 – 83 页。

系统，为大学生创业提供了有力保障，大大促进了创业教育的发展①。

4. 多渠道的创业资金支持

美国大学创业教育得到了社会组织的大力支持，基金会、研究机构和企业等在创业教育中发挥了重要作用，形成政府和民间多渠道的财力支持系统。多渠道的资金来源保证了创业教育中心的正常运作和各种创业实践活动的顺利开展。目前，创业教育学科的资金已经超过44亿美元。美国创业教育资金来源主要有三个渠道：其一，美国政府支持。美国政府高度重视创业教育，专门设立了国家创业教育基金。该基金会设立了实施"小企业创新研究计划"（SBIR）的机构，并规定：凡联邦部门研究与发展经费超过1亿美元的，需按2.5%拨出资金作为高新技术小企业研发项目基金。其二，成功创业者对高校创业中心的捐助。美国的商学院普遍设置了创业中心，其资金通常来源于捐款、申请基金和签订合同服务或外延拓展计划所获款项。各创业中心领导人和骨干人员都具有筹措资金的能力。其三，一些公益性的基金会提供创业教育活动资助，如考夫曼创业流动基金中心、国家独立企业联合会、新墨西哥企业发展中心等，以提供经费赞助创业大赛、奖励创业教育的优秀学生、开发创业教育课程等，对创业教育提供资金赞助②。

5. 系统性的创业课程设置

美国教育市场比较开放，没有统一的、由政府规定的创业教育课程设置，每所学校根据各自区域的认证机构的标准开设课程，因而创业教育的课程名称各不相同。但高校创业教育课程紧扣整个创业过程，具有系统性、科学性，有效保证创业教育目标的实现及教育理念的落实。主要的课程包括：创业咨询项目（Field Projects with Venture Consulting）、创业计划书撰写（Venture Plan Writing）、创业财务（Venture Finance）、非工商管理专业学生的创业课程（Entrepreneurship for Non – business Majors）、寻找/选择创业机会（Venture Marketing）、创造性思维（Creative Thinking）、企业家法规（Law for Entrepreneurs）、处事能力（Street Smarts）等③。

---

① 沈茹：《美国大学创业教育的特点及启示》，《中国成人教育》2014年第20期，第125 – 128页。
② 施丽红：《美国创业教育支撑体系的特点及启示》，《教育与职业》2010年第5期，第158 – 160页。
③ 高辉、赵文亮、程文玲：《美国创业教育对我国高职教育的启示》，《昆明冶金高等专科学校学报》2011年第4期，第54 – 57页。

美国高校已经形成系统性的创业课程体系。针对不同层次的课程目标，美国高校开设不同类型的课程，包含激发全体学生创业意识的课程、教授创业基本知识的课程和致力于实际创业的专门课程等；针对不同的授课对象，美国高校也开设了针对本科、硕士和博士的层次多样的创业课程；针对不同的课程内容，开设理论课和实践课，理论课程将创业过程中所涉及的知识进行整合，实践课程中以理论知识为基础，通过撰写商业计划书、参与创业计划大赛等活动，体验创业整个过程。美国高校创业教育通过将各种类型的课程进行系统规划和设置，有利于课程的针对性和实效性，为学生创造了贯穿整个教育过程的全方位立体式创业教育氛围，真正实现"活在创业精神"中①。

6. 重实践的教育教学方式

美国高校创业教育往往采用鲜活、灵活、多样的创业教育教学方法，除了传统的课堂教学以外，还有案例讨论、客座教授讲授、企业家演讲、计算机模拟、实地考察、与成功创业家交流等，这些教学方法具有很强的实践性、创新性。哈佛大学和斯坦福大学等高校纷纷建立创业案例库，把典型的创业案例分析贯穿在整个教学过程中，真实的案例丰富了教学内容；百森商学院采取"问题中心"教学法，让学生围绕创业过程中有可能出现的问题进行探讨。教师还常常采用实践性的教学方式，促进课堂教学与实践的有机结合。例如，哈佛大学开设的"开创新企业"课程，学生组成小组，由创业概念展开，模拟出一个设立新公司所需要的完整的经营计划，并对计划付诸实施，通过创业项目和模拟创业的形式让学生全面参与创业的全过程。斯坦福大学同样重视创业教育的实践性、模拟性。例如，"生物创新"课程组织商学院与其他院系学生联合组成创业团队，医学院学生提出改进医疗设备的创意，由工学院学生设计图纸，商学院学生进行推广和融资②。

美国科技发展成熟，其高校创业教育也广泛利用创新的教学技术和媒介，提高了学生的学习兴趣和主动性。如斯坦福大学的创业教育中心在网站上提供免费的视频课程，乔治·华盛顿大学开发了方便学生与创业教师互动的专门软件。美国高校鲜活的创业教育课程教学过程大大激发了学生的学习热情和创业激情，增

①②　韩琪瑄：《美国高校创业教育课程体系研究——以百森商学院和斯坦福大学为例》，河北大学硕士学位论文，2013年。

强了学生的创业意识和实践技能①。

7. 多功能的创业教育中心

创业教育中心是为开展创业教育而成立的，它提供创业方面的学术课程，开展外延拓展活动及进行创业领域的研究，成为美国高校创业教育的基地。创业教育中心的发展依托传统院系，既保证了稳定的师资、经费和课程等供给，也能有效地跨越传统学术边界，成为高校与外界联系的重要纽带。这些中心在运行过程中打破大学传统的组织结构，跨越人为划分的学科边界，更有效地调动跨学科资源，使学生能更加灵活地适应需求变化。

目前，美国有 150 多个创业教育中心，具有代表性的是全美创业中心联盟（National Consortium for Entrepreneurship Centers，NCEC），旨在提供信息共享的渠道，开发创业教育合作项目，提升创业中心品质，为美国大学创业中心的发展提供合作的平台。每个院校的创业教育中心都有自己的使命，如麻省理工学院创业中心附属于斯隆管理学院，通过招收具有技术背景的学生来实现商业和技术的结合，该方式使麻省理工学院毕业生创业的公司中，有 80% 能应对市场风险并生存下来。斯坦福创业网络（SEN）帮助各院系及其师生与硅谷的其他创业"社区"联系，保证了斯坦福大学 22 个创业相关项目的交流与合作，同时能与商学院合作，向学生提供跨学科的课程②。

8. 高质量的师资团队建设

教师是创业教育的最终实施者，高质量的师资队伍是创业教育的课程开设和取得预期效果的有效保障。美国创业教育有着优秀的教师储备，非常注重教师的质量，有两个项目专为师资培训而设立：其一，由考夫曼基金会与一些大学合作提供的"创业教育者终身学习计划"，旨在培养更有效率、创新型的创业教师；其二，美国管理学会创业学部正在着力推进的创业学博士项目。此外，学校还注重教师的业务能力，鼓励教师在企业和商界工作及聘请企业界人士担任学校兼职教师。普瑞斯—百森商学院项目从成立至今已培训了将近 52 个国家的 495 个学术机构及政府组织和基金会的 1690 名学术人员，为世界创业教育师资注入新的血液。英特尔公司的前执行官、现任董事长安迪·葛洛夫，从 1991 年开始就担任斯坦福商学院的兼职教师。这样不仅提高了创业教师队伍的素质，而且把创业

---

① 韩琪瑄：《美国高校创业教育课程体系研究——以百森商学院和斯坦福大学为例》，河北大学硕士学位论文，2013 年。

② 梅伟惠：《美国高校创业教育模式研究》，《比较教育研究》2008 年第 5 期，第 52 – 56 页。

教育的学术研究及课程开发置于社会创业实践的基础之上①。

二、英国创业教育分析

创业教育是启动新一轮经济增长的动力，是学校发展的新型驱动力，是培养人才提升人才竞争力的推动力。作为老牌教育强国，英国很好地践行了创业教育，成为当今世界上创业教育比较成功的国家之一，形成了相对完善的创业教育体系，培养了大批创业人才。

（一）英国创业教育发展概述

总体来看，英国创业教育历史发展沿革大致可以分为以下几个时期：20 世纪 80 年代早中期——创业教育的萌芽时期；20 世纪 80 年代末至 90 年代末——创业教育发展的推进时期；21 世纪以来——创业教育发展的成熟时期。

1. 萌芽时期——20 世纪 80 年代早中期

自第二次世界大战后至 20 世纪 80 年代早期，英国各界对创业教育并没有过多的关注。截至 1975 年，英国的大学生和社会失业人员的自我雇佣率仅为 8% 左右，这一时期创业教育还没有形成独立的、完整的概念体系。究其原因，英国政府在第二次世界大战后关注的重心主要放在发展经济上，而且主要是通过发展国有企业来复苏和发展国民经济；这一时期中小企业在市场中几乎没什么地位，其企业数量和企业规模也远不如大企业，国家对中小企业的重视程度不够。然而中小企业的发展却是创业教育、创业活动能否兴起的重要基础②。

20 世纪 80 年代中期，英国创业教育开始萌芽，尤为突出的是在苏格兰创业基金（Scottish Enterprise Foundation，SEF）的赞助下，1982 年首先在斯特林大学得以启动的"大学生创业"（Graduate Enterprise）项目。该项目是为了解决高校毕业生的就业难问题，目的是减少毕业生失业，鼓励大学生在当地就业，并为社会创造更多的工作岗位。1983 年，在政府的支持下，苏格兰的 8 所大学开始试点

---

① 汪茧：《美国高校创业教育成功因素探析》，《教育与考试》2010 年第 5 期，第 93 – 96 页。

② 胡立强：《英国创业教育的历史沿革探析》，《继续教育研究》2014 年第 3 期，第 142 – 144 页。

"大学生创业"项目。1984 年，项目在全英国展开。该项目以层层深入的方法推进，第一阶段是创业教育的讲座，向学生介绍创业的意义等问题；第二阶段是对创业感兴趣的同学可以接受个别指导；第三阶段是学生将自己在课程中形成的创业想法提交创业评审团，并最终进入斯特林大学举办的创业课程班。在课程班的学费、生活费和办公设施都将得到赞助支持。后来由于失业率的下降和创业教育的高成本，英国政府在 1990 年停止了该项目[①]。

萌芽时期的创业教育以高校试点推广的形式展开，通过开设讲座以及个别指导和课堂引导进行初步的创业教育，以职业培训为主要特征，旨在培养一批优秀的企业家。这一时期创业教育具有较明显的功利性质，其发展的重要动机之一是解决就业问题，是为促进英国市场经济快速发展而得到政府重视逐渐发展起来的。

2. 推进时期——20 世纪 80 年代末至 90 年代末

随着创业教育在全国范围内的继续开展与推进，英国逐渐意识到创业教育观念需要转变与革新，纯功利性的创业教育已不能适应时代发展的要求，也不能满足学生与家长的要求。在创业教育的持续发展时期，英国从理念与实践双层面上为创业教育的发展提供各类平台，促进创业环境的日趋成熟，使得创业教育的发展条件也日渐成熟。

从 1980 年开始，创业教育国际协会（International Association of Entrepreneurship Education）每年都会赞助并主办一次关于创业教育的年会，期间，参会的教师和创业者们彼此分享心得，相互讨论各自的创业教育经验及创业实践经验，同时还成立了专门的创业教育协会或创业者协会。

1984 年，英国国家咨询委员会（National Advisory Board）和大学拨款委员会（University Grants Committee）发表了联合声明，声明中明确提出了要加强大学生实践能力的培养，并要求在所有本科教育中开设创业教育课程。在这个时期，开设创业教育课程的高校主要侧重在商学院（如伦敦商学院、曼彻斯特商学院、牛津大学商学院、剑桥大学商学院、兰卡斯特大学管理学院等），当时的主要任务是开展创业相关课程，组织创业实践活动，并与工商界加强沟通交流，请他们提供咨询服务和帮助指导等方面的工作[②]。

---

① 王娜：《英国高校创业教育研究——以剑桥大学为例》，西南大学硕士学位论文，2010 年。
② 胡立强：《英国创业教育的历史沿革探析》，《继续教育研究》2014 年第 3 期，第 142 – 144 页。

1987 年，英国政府发起"高等教育创业"计划（Enterprise in Higher Education Initiative，EHE），宗旨是使接受创业教育的学生形成创业品质，要使每个接受高等教育的人都发展与创业有关的能力，包括创新精神、人际交往能力、合理捕捉就业机会并做出更好职业选择的能力、在专业发展和职业生涯中承担责任的能力等。

1996 年 2 月 6 日，以迪尔英爵士（Sir Dearing）为主席的高等教育调查委员会通过对英国、澳大利亚高等教育的全面调查，最终在 1997 年 7 月 23 日发表了《迪尔英报告》。报告就英国高等教育的目的、模式、结构、规模、拨款、面对的问题和未来的发展趋势做出了详细的说明、分析和预测，并提出了多项关于高等教育改革的建议，其中之一就是应该扩大创业教育，围绕创业精神开展教育。1998 年的《我们的竞争——建设知识经济》白皮书同样呼吁英国的大学和学院更多地开展创业教育。

20 世纪 90 年代中后期，中小企业特别是高科技企业对经济发展的促进作用以及解决社会就业的功能得到社会的广泛重视，而这段时间，政府也出台了各种政策，采取各种措施为中小企业服务，为创业提供便利。1995 年，英国为本国以及海外初创的、高成长性公司提供了融资平台——英国二板市场和三板市场。这两个股票市场为中小企业融资和实现跨越式发展提供了可能。此外，政府还通过互联网网站如"直接通向政府"网站、商业连接网站、英国企业在线等，为中小企业提供在线咨询、动态信息、研讨会、培训等各种服务。这些措施极大地促进了中小企业的发展，同时也为创业教育的开展提供了实习的基地[1]。

20 世纪 80 年代末至 90 年代末是英国创业教育发展的关键时期。创业教育旨在揭示企业发展的一般规律，传授创业的基本原理和方法，提高创业者的基本素质、创业意识及精神品质。这一时期的创业教育更好地促进了经济发展并缓解了就业问题，为后来英国创业教育的成熟发展奠定了基础。

3. 成熟时期——21 世纪以来

跨入 21 世纪，英国政府提出建设创业文化的目标，大力提倡创业，采取各种措施努力使全社会都形成一种创业的文化，人人都有创业精神。在这个时期，创业教育在课程开展、创业教育教学、社会参与、资源整合等方面都得到迅速发展。

---

[1]　王娜：《英国高校创业教育研究——以剑桥大学为例》，西南大学硕士学位论文，2010 年。

创业课程从创业培训类逐渐演变为大学开设的系统的、全面的课程体系。英国大学至少45%的高校已开设一门创业教育课程。高校的创业课程可以分为两种，即"为创业的课程"和"关于创业的课程"，有些高校还设有创业学硕士学位①。

创业教育教学侧重于培养学生的实践能力，强调紧密联系创业活动，采取案例研究、小组项目、商业计划书撰写、创业竞赛、企业代表演讲等多种教学方法，使学生获得"近似创业的经验"。

在社会参与、资源整合方面，1999年英国成立了高校创业教育的管理组织——科学创业中心（UK Science Enterprise Centers，UKSEC），下设8个中心，后来发展到13个。2004年5月，该中心发展成为一个全国性组织。有人将其角色定义为"英国大学文化变革的催化剂，旨在使大学与企业关系更密切并提高大学对经济增长、就业和生产力的贡献度"。这些创业教育中心开展创业教育，加强与产业界的联系，支持创办企业，并鼓励新企业成长，鼓励技术转化和其他创业服务和咨询。

为鼓励和支持大学生科技成果转化，英国政府在2001年专门启动了高等教育创业基金，该基金是高等教育基金委员会（Higher Education Funding Council）和科学与创新办公室（Office of Science and Innovation）联合组成的项目，是为了加强校企合作而专门设立的创业基金。

2004年9月，全国大学生创业委员会成立。除了开展创业教育，帮助大学生创业以外，全国大学生创业委员会还委托高校的专家在全国范围对开展创业教育情况进行调查研究，为政策制定提供参考，并提供创业教育的师资培训，培训创业教育教师。2009年，nacueventures.tom网站正式启用，这是英国历史上第一个专门用于连接高校创业教育与投资者的网站，该网站还包括其他的一些在线资源，如创业指导、创业咨询等②。

20世纪80年代以来，英国创业教育在不断地变化发展中得到完善，从最初为解决就业而开展的功利性创业教育，到培养大学生创业精神、创业能力和创业品质的非功利性的教育，再到21世纪初英国政府提出的创业文化创建，体现了创业教育在英国的新发展和新趋势。

---

① 周才芳：《英国高校创业教育研究》，广西师范大学硕士学位论文，2011年。
② 王娜：《英国高校创业教育研究——以剑桥大学为例》，西南大学硕士学位论文，2010年。

（二）英国高校创业教育模式

创业教育是培养大学生创业意识、创业实践能力的教育，这一点在英国各个大学以及大学内的各个专业中都是一致的。然而，由于各个大学对创业教育的要求并不相同，因而在不同大学、不同专业中，英国的创业教育呈现出不同的模式，主要为两类模式：一是商学院主导模式，二是大学主导型模式。

1. 商学院主导模式——牛津大学赛德商学院①

赛德商学院（Said Business School，SBS）创立于 1996 年，交汇融合新旧精华，是欧洲最年轻、最具创业精神的商学院之一，是世界一流大学牛津大学的重要组成部分。赛德商学院自成立以来一直将"创业"和"创新商业教育"作为教育理念，在创业教育教学中，融入牛津大学经济学、国际关系、心理学等学科的优势，培养新一代商业领袖和企业家，培养学生在商业方面的所有核心能力，其以学术的严谨性和思维的前瞻性，在短短 10 多年就跻身于世界商学院前列，是欧洲发展最快的一所商学院。

（1）课程结构。创新人才培养机制，健全创新创业课程体系，创新创业课程是培养学生创业的基石，一流的创业教育必然需要一流的创新创业课程体系。为培养未来商业的领导者，鼓舞学生在各个领域创造奇迹，赛德商学院设置为期一年的全日制 MBA（SBS 的 MBA 有全日制 MBA 和 EMBA），其创业教育水平在短短 10 余年已经发展成为世界一年制 MBA 的典范。

赛德商学院 MBA 学习分为三个学期：Michaelmas 学期（10~12 月）、Hilary 学期（1~3 月）、Trinity 学期（4~6 月）。虽然课程学习时间相对比较短暂，但这三个学期所囊括的知识与技能对于学生来说是非常珍贵的，将非常有益于学生以后的就业与创业。一般情况下，赛德商学院 MBA 的课程分为创业核心课程、选修课程和实践课程，其具体内容如下：

1）核心课程。赛德商学院专门设置益于学生创业的核心课程，旨在为学生今后从事并实践创业活动提供丰富的知识与技能基础。全日制 MBA 第一个学期主要学习现代企业，从经济理论评价企业、企业战略选择和管理。第一学期和第二学期的核心课程目标是提供既有广度又有深度的知识，使得学生对待任何商业

---

① 黄爱珍：《美英日创业教育模式的比较及对我国的启示——基于百森商学院、赛德商学院和高知工科大学的例子》，江西财经大学硕士学位论文，2012 年；韩建华：《英国高校创业教育研究——以牛津大学赛德商学院创业教育实践为例》，河北师范大学硕士学位论文，2011 年。

情境都能抱着自信和认知的态度。全日制 MBA 学生核心课程内容丰富，主要包括如表 2 - 3 所示的 8 类。

表 2 - 3　赛德商学院全日制 MBA 学生核心课程

课程	简介
金融 I	首先，对企业资本预算决策财务标准的探讨；其次，讲述风险评估和评价的框架构建，探讨资本资产定价模型以及资本资产定价模型在公司风险投资决策中的应用；最后，讨论金融期权和开发这一类衍生工具的估值框架
决策科学	这是一门实践性很强的课程，需要使用软件来应用课程中介绍的方法；同时，也是一门综合性很强的多学科课程，与会计、经济、金融、市场营销和运营管理都有联系
财务报告	通过课程学习了解财务报告以及如何从技术和体制的观点出发使财务理论功能化，并评估如何实现财务报告在实践中的作用
战略 I	让参与者分析战略决策情况下的关键问题，以提高对战略决策问题的分析论证能力和提供战略决策建议的能力
管理经济学	研究微观经济学的生产者、消费者和其他经济主体之间的互动行为
培养高效经理人	把基本理论和有效的管理方法与组织具体情境相联系，课程分析的复杂性是逐步增加的，课程之初讲述影响个人和组织行为的因素，之后学习领导人观察组织行为并得出结论的技能
运营管理	介绍经营管理和企业发展的关键概念，了解这些概念和组织效能与企业成功的关系
市场营销	提高参与者对竞争环境中市场营销理念、框架、流程和技能的认识与批判意识

2）选修课程。为充分满足学生创业的需要，赛德商学院 MBA 在第二和第三学期，分别通过选修课程为学生提供按照自身的未来创业、就业规划而制订一系列学习计划的机会。这些选修课程不只是纯理论的探讨，而且密切联系实际，具有一定的深度和广度，可以丰富学生创业、就业的阅历或增加学生感兴趣的知识与技能。

选修课的知识涉及多个领域，如私营企业课程，使学生对私营企业如何创立、管理、发展有了清晰的认识；筹资技巧课程，教会学生如何应对创立企业时遇到的资金问题；新科技的风险管理课程，指导和帮助学生处理创业过程中遇到的运营管理等问题。此外，赛德商学院还邀请国际上颇有声望的人物来学校开展讲座。

3）实践课程。赛德商学院创业教育非常注重强调实践，把实践作为创业课程的重要部分。对于学生而言，他们通常拥有创业项目和战略咨询项目两个创业实践的机会。这些项目为学生提供了把所学知识与技能用于实战、汲取经验的机会，有利于学生对创业实践和理论知识的进一步理解和应用。

创业项目。该课程要求学生完成一个商业计划并且组织具有一定权威性的风险投资人和企业家在内的专家团队进行鉴定。学生完成的商业计划必须把握以下几点：其一，整个计划要完整，严谨周密，能抓住投资人的眼球；其二，要有自己研究的专利，力求做到独特新颖、有创意；其三，制定出长期性的市场营销与企业管理战略，毕竟投资者对管理的关心程度不亚于计划的其他部分。可以这样认为，如果一个学生已经正在经营一家企业，那么这个 MBA 创业项目将是一个在安全环境下开发新产品或商业模式的绝好机会。

战略咨询项目。在完成创业项目的商业计划书之后，MBA 学生需要进一步学习战略咨询项目课程。这个项目要求学生应用 MBA 阶段所学到的知识与技能，针对企业进行为期 8 周的战略咨询，且对不同的公司所做的工作不同，可以是评估企业的一个新产品上市后的市场占有率，可以是在澳大利亚内陆地区开展社会创业，也可以是制定一个打入中国市场的战略等。战略咨询项目不仅使学校和企业建立联系，发挥学生主动联系和运用网络技术发展项目的能力，为学生和企业双方提供了宝贵的资源，而且为学生就业打开了便捷之门，为学生提供最大的选择可能性。

此外，赛德商学院的 MBA 课程还包括一系列讲座、研讨会和小组工作等，且不同类型的教学内容有着明确的比例划分，其中，案例研究占 25%、讲座占 40%、模拟占 10%、团队项目占 25%。总体而言，赛德商学院的 MBA 课程结构注重学以致用，学生在短短的一年制 MBA 的学习过程中能够将课程教学中所学到的知识和技能应用在模拟小组工作直至团队项目实践当中，同时吸取各界人士失败或者成功的经验，转化经验，提高实践能力。

（2）师资队伍。雄厚的师资力量是牛津大学赛德商学院创业教育教学质量的有力保证与创业教育研究的不竭动力。牛津大学赛德商学院的教师大部分都走在各自学术领域的最前沿。概括地说，赛德商学院创业教育师资队伍具有以下几个特点：

第一，来源多样化。依托牛津大学强健的师资队伍，MBA 创业教育的授课教师大多数是牛津大学本部的知名教授和学者，也有些来自其他著名学府的教师担任客座教授，如 MBA 财务报告课程的任课教师 Richard 教授是剑桥大学 Judge

商学院的终身教授、商业发展任课教师 Robert H. Wade 教授是伦敦大学政治经济学学院政治经济学教授。值得注意的是，还有一些创业教育教师在进入学术界之前，职业完全和教师无关，如担任企业与战略、创新等课程的任课教师 Mike Barnett 教授，曾是美国空军的现役军官，担任 Squadron 中队指挥官、堪萨斯 Mc-Conneir 空军基地执行官。进入学术领域之后，Mike Barnett 教授入围 Aspen 研究院先锋奖（2009 年）、管理杂志最佳论文奖（2008 年）、国际商业及社会协会最佳文章奖（2006 年）等。

第二，学科覆盖面广。参与创业教育教学的教师覆盖会计、业务发展、商业税务、企业商誉、经济和税务、金融、管理科学、市场营销、运营管理、组织行为学等各类学科。其中，战略、创业和国际商务以及金融专业师资队伍非常强大，拥有战略学教授 Mike Barnett、战略和决策学教授 Jerker Denrel K.、管理研究学教授 Mari Sakc K.、金融学教授 Alan Morrison 等。这些教师擅长领域广泛，如 Oliver Fischer 教授擅长领导力、人力资源战略、人才管理、创新、消费者行为和决定、发展战略管理、媒体心理学等领域研究。

第三，研究能力强。如生物经济管理创新等课程的任课教师 Javier Lezaun 教授，开展过"生物医学和产权未来"的研究，探讨生物医学研究中的知识产权问题；牛津大学和伦敦经济学院的风险与监管分析中心资助研究"联合研究中心 JRC（Joint Research Centre）和欧洲宪法技术"；由牛津大学未来城市项目资助的"识别城市适应性和重建动态"探索城市治理面临的环境和公众健康危机等。

第四，社会声望高。如从事创业教育的金融学教授 Tim Jenkinson 不仅是牛津大学私募股权研究所所长和牛津经济研究协会经济咨询公司主席，而且还是伦敦证券交易所董事、毕马威会计师事务所的全球估值研究所学术顾问，并且为许多公司、监管机构、政府机构和行业协会提供咨询服务；Mike Devereux 教授，不仅是牛津大学商业税务中心商业税务教授，而且还是欧洲税收政策论坛研究主任，财政研究所、CESifo 和经济政策研究中心研究所研究员，当选学会副会长、《国际税收和公共财政》杂志主编、《英国税务审查》杂志（经济）助理编辑、《世界税务杂志》编委会成员，主持跨国公司税收论坛。

（3）支持体系。创业教育是一种开放式教育，是一个大工程。高校开展创业教育不仅需要发扬自身办学特色，而且需要号召社会各界提供全方位的支持。赛德商学院以创业教育为核心的 MBA 项目的成功，不仅得益于学院自身的努力，也与其强大后盾与各界支持密不可分，尤其是政府和校友的支持。

1）来自学院自身的支持。赛德商学院为充分支持创业教育的开展，特设立两个中心，分别是斯克尔社会创业中心（Skill Centre for Social Entrepreneurship）和牛津创业创新中心（Oxford Centre for Entrepreneurship and Innovation）。

斯克尔社会创业中心由 eBay 的首席总裁杰夫·斯克尔（Jeff Skoll）捐赠成立，旨在促进全球社会创业的进步，实现建立一个更加和平和繁荣世界的愿景。作为世界社会创业领先的学术机构，中心通过教育、研究和协作促进创新社会转型。具体实现途径包括培养创新人才，促进创业教育研究，创建一个把企业、政府和慈善事业的领袖人物连接在一起相互协作的枢纽。

牛津创业创新中心是赛德商学院在 2002 年培植的知识资源中心，汇集众多学者和学生企业家，是牛津大学进行创业研究、教学和实践的基地。该中心组织的最具代表性活动"硅谷走进牛津"（Silicon Valley Comes to Oxford），每年举办一次。其活动内容主要包括三个方面：一是有经验的商业领袖给赛德商学院硕士项目的学生传授创业经验和商业活动经验；二是领袖人物要参与学生和教师之间关于创业和商业各种各样问题的讨论；三是为想要独立或者合作创业的学生提供面对面的辅导。通过这项活动，众多顶尖高科技公司领导者为学生提供了最前沿、最直接的创业指导与创业实践。

另外，由赛德商学院组织的"牛津大学商业计划大赛"（Oxford University Business Plan Competition）是每年都会在不同时间和不同地点举行的不同主题的创业大赛，吸引众多有着创业梦想的人士参加。大赛的基本特点有以下几个方面：参赛者不论出身，不限制地理范围，可以是本学院学生、教师，可以是企业家、社会人士，也可以是全球范围内的其他参赛人员；参赛项目资金没有固定标准，有时候是 1 万英镑的小项目，有时候则是超过 150 万英镑的大项目；大赛评委一般为国内外著名的企业家、风险投资人、学术权威的教授以及大公司具有创业经验的经理；大赛评判标准之一是能否获得风险资本家的投资，包括项目的可行性、创新性、未来市场率、项目的管理计划、管理团队等，奖金一般约 6 万英镑。当然，不管参赛者能否得到奖金都可以得到著名企业家和风险投资人在创业上的帮助与指导。除此之外，学院每年还举办上百个与创业相关的其他实践活动，从而大大激发学生创业热情，为创业教育营造良好氛围。

2）来自政府的支持。自 20 世纪 80 年代以来，创业思想就已经渗入英国高等教育领域。为进一步推动创业教育发展，英国政府联合社会各界力量共同建设创造全民创业文化氛围，主要体现在颁布创业的法律和提供大量资金支持两个方面。

一是颁布创业创新政策、加强法律监管（见表2-4）。早在1855年，英国就曾公布《有限责任法》，鼓励企业发展。1987年，英国政府发起"高等教育创业"计划，这是大学生创业教育政策的开端，该计划旨在培养大学生的可迁移性创业能力，要求将与工作相关的能力学习纳入课程之中，并鼓励学生为自己的学习负责。此后，英国又制定了一些创业创新政策，以鼓励高校创业教育的开展。

表2-4　20世纪90年代以来英国的科技创新政策

年份	政策
1994	实现我们的潜能——科学、工程和技术战略
1998	我们的竞争——建设知识型经济
2000	卓越与机遇——21世纪科学与创新政策
2001	变革世界中的机遇——创业、技能和创新
2002	投资与创新
2003	在全球经济竞争下：创新挑战
2004	科学与创新投资框架2004~2014　从知识中创造价值

二是提供创业教育资金供给。英国政府基本上以基金的形式为创业教育提供财力保障，为其顺利发展提供进一步的可能，主要包括高等教育创新基金、科学创业挑战基金、新创业奖学金（New Entrepreneurship Scholarship，NES）、全国科学技术和艺术捐赠基金（National Endowment for Science，Technology and the Arts，NESTA）以及王子基金（Prince's Trust）。其中，高等教育创新基金是高校创业教育资金供给的重要组成部分，是为巩固和完成第三使命（主要指的是学术成果的转化、高素质劳动力的职业发展、大学设施为周边社区居民服务等多个方面）而进行的科研和教学所需要的资金供给；科学创业挑战基金专注于创业教育和知识技术转化活动，连同投标大学的资金在12个创业中心的总投资额已经超过了5700万英镑，涉及英国的60多所高校、80多家英国高等教育机构及500多家企业。

3）来自校友的支持。赛德商学院注重开发校友资源，建立了校友信息交流共享、资金筹措协助的三大平台，分别是牛津商业校友网络、校友就业中心和赛德商学院校友年度基金。

牛津商业校友网络（Oxford Business Alumni Network，OBA）成立于1998年，是把对商业有共同爱好的人联系在一起的全球官方商业校友网络。为激发学生兴趣，充分发挥学生的主动性，加入OBA网络的成员可以加入该网络的任何板块，选择各项活动，与校友进行交流，开阔眼界，获取经验，这对于学生的未来职业规划乃至创业实践都非常有益。

赛德商学院校友就业中心成立的目的是为校友提供专业发展机会与各种支持职业生涯发展的资源，包括个人职业生涯的建议、简历撰写指导和审查、自我评估以及面试准备和研究资源、职业有关的独家订阅出版物、企业或个人对赛德商学院人才的独家招募等。

赛德商学院校友年度基金（Said Business School Alumni Annual Fund）定期给学校捐资以支持学校开展创业教育及其他对学校发展具有战略意义的各大领域。服务方向一般分为三个方面：①校友服务。促进校友与学校之间的互动，增进情感联系和知识交流。②奖学金服务。为成绩优异的学生提供奖励，吸纳优秀生源。③学校发展服务。援助学校扩展建设及提供创业教育等科学研究的资金支持，推动学校各项事业发展。

2. 大学主导型模式——剑桥大学①

作为世界一流高校，剑桥大学一直沿袭着贵族化、精英化的教育传统。直至19世纪早期，剑桥大学的主要目标仍然是培养牧师和绅士，一半以上的毕业生都从事教会工作，招生对象限于上层阶级和国教徒子弟，众多学生被排斥在校门之外。同时，在教学上崇尚古典课程，轻视实用学科与科学技术。到了19世纪中叶，改革传统大学的呼声日益高涨。1858年《剑桥大学法》通过，放宽了宗教限制，生源上也逐渐放开，接受更多有才华但家境一般的学子。在课程学习上，学生不再局限于古典课程，可以选修法学、数学、自然科学等，为今后的就业做准备。

19世纪六七十年代，剑桥大学开始设立自然科学实验室并增设新的自然科学教授职位。1873年，卡文迪什物理实验室建立，并聘请了著名的物理学家马克斯韦尔、雷利勋爵、汤姆森和卢瑟福担任教授。这个实验室之后成为英国的原子物理研究的重要基地，汇集世界各地众多优秀的科学家，成为诺贝尔奖获得者

---

① 王娜：《英国高校创业教育研究——以剑桥大学为例》，西南大学硕士学位论文，2010年；胡瑞：《高水平大学创业教育发展策略——以剑桥大学为例》，《复旦教育论坛》2015年第2期，第49－53页。

的重要孵化基地。随后，医学、化学、动物学、工程和机械科学的实验室相继建立，标志着英国自然科学发展日臻完善与成熟。而剑桥大学的创业教育与其自然科学的发展有着密切的联系，除 MBA 商业课程外，创业教育的大多数课程都是为计算机专业、生物工程等理工科学生开设与准备的。

（1）教育理念。剑桥大学在推动创业教育发展过程中始终秉承自身独特的创业教育理念，大胆突破了英国传统文化的束缚，为创业教育奠定了坚实的思想基础。

第一，突出强调"企业家精神"的培养，将其作为创业教育实施的重要目标与评价的重要指标，并促使大学冲破"清教伦理"与"保守主义"围墙。剑桥大学认为创业教育的实质就是传播企业家精神并使学生习得并内化这种精神。在商业化时代尤其在创业创新型经济发展的大环境下，企业家精神培养的重要性将愈加凸显。

第二，"将创业教育过程视同于创业过程"，重视开拓性、创新性地开展创业教育实践，不断革新创业实训与教学方法等，认为成功的创业教育者就是创业家。

第三，注重建立开放性、包容性的"创业教育网络"（Enterprise Education Net – working）。边界范围上，突破校园界限，连接校园内外；主客体对象上，体现创业教育主体的开放性和客体的多元性以及创业项目的多样性。通过各类桥梁纽带的连接，建设互联互通、实现双赢的创业教育网络。

（2）核心机构。剑桥大学在独特创业教育理念的引领下，创立了三类专门与创业教育相关的核心组织机构，依托这些核心机构有效推动了本校创业教育的发展，乃至促进全英创业教育的发展。一是建立"剑桥创业中心"（Cambridge Entrepreneurship Centre，CEC），融入英国宏观创业教育体系框架，促使剑桥大学成为英国创业教育的组织者和领导者；二是通过"创业学习中心"（Centre for Entrepreneurial Learning，CEL）大力拓展创业及创业教育项目的设置、督促实施与评估等，并构建共享、协作的有力的创业伙伴合作关系网络；三是组建"赫尔曼·豪瑟专家中心"（Hermann Hauler Specialist Center，HHSC），创立新颖特别的"中介运行方式"，整合集中创业教育相关资源，组织提供创业课程与各类培训。

1）剑桥创业中心。剑桥创业中心的工作主要包括"知识创业"、创业教育、学术资本化三个方面。在"知识创业"上，该中心提出，高校的创业教育应依托智力、科技等优势进行高科技创业，注重科技创新成果转化与应用，加强校企互动，支持创业型中小企业的成长；在创业教育上，拓展活动范围，通过校际联合共同开展商业设计大赛等活动，建立诸如"剑桥—麻省理工学院创业联盟"等高层次的创业教育网络体系，提升大学生的创业技能；在学术资本化上，广泛吸纳资金，推动学术的资本化，充分有效利用英国科学创业中心的"创业资本家"、"种子基金"等推动本校科研成果的转化，为创业教育提供源动力，为学生实践创业活动提供物质保障。

同时，剑桥创业中心是高校创业教育的管理组织——英国科学创业中心的核心组成部分，中心与学校二者之间密不可分，优势互补，实现互惠与双赢。一方面，剑桥大学依托剑桥创业中心，成为英国科学创业中心的重要组成成员，获得了英国贸工部科学创业挑战基金的创业教育资金支持，同时通过参与科学创业中心组织的系列创业实践活动，提升了剑桥大学在领导、组织和实施创业教育的能力，使得其在职能规范、项目设计、校际互动、成果转化等方面上吸取更多的经验；另一方面，以剑桥大学为桥梁，英国科学创业中心与世界范围的知名高校建立起广泛的创业教育联系与合作。从整体上来说，英国科学创业中心连同剑桥创业中心及其他加盟成员一同谋求影响创业教育政策制定的话语权，力图打造世界一流的创业教育机构，从而有效应对企业家精神与商业环境变迁对大学带来的冲击。

2）创业学习中心。剑桥大学创业学习中心设立在剑桥大学旗下的贾吉商学院（Cambridge Judge Business School），具有"创新、领导力、企业家精神"显著特色。创业学习中心主导推动多元化创业项目发展，设立各类创业及创业教育项目并进行督促实施与评估，不断激励潜在创业者参与其中。该中心项目种类繁多，形式各异，囊括各类创业项目、行业研讨会、系列讲座等，其中规模较大、运行稳定、受众群体广泛、影响力显著的项目有 6 类，如表 2 - 5 所示。另外在师资装备方面，中心秉承"实施创业教育的最优者就是创业家"这一创业教育理念，广泛邀请成功创业企业家为学生提供指导与实训，吸引社会各界人士的广泛参与。通过校级范围甚至区域性创业项目的开展，中心不仅成为剑桥大学创业教育实践活动的发热点，也扩大了剑桥大学创业教育的影响力并提高了对区域经济的贡献度。

表 2 - 5　剑桥大学创业项目情况

项目名称	项目的目标、内容	受众群体
创业星期二 （Enterprise Tuesday）	每年集中于 2 月和 11 月的每周二晚上开展系列讲座；提供参与者建立社会网络关系的活动环节	剑桥的学生、教师、社区成员以及商业网络成员
ETECH 项目 （ETECH Projects）	致力于加速运用新技术创业的进程	作为选修课，提供给物理学、化学工程、材料科学专业的本科生，MBA 项目的研究生以及部分博士生
点火项目 （Ignite Program）	是为期一周的训练项目，促使创业者及投资伙伴找寻与商业及创新有关的新技术并用于创业实践	在校生、毕业生、有建立企业愿望的专业学者
创业者项目 （Enterprisers Program）	以趣味和行动为导向、基于经验学习的"做中学"的项目；试图促使参与者认识到自身的创造性，从研究中产生能够运用于商业实践的理念	剑桥大学博士生、博士后研究人员；全英范围内"英国工程和自然科学研究委员会"资助的博士生
创业研究生文凭项目 （Postgraduate Diploma in Entrepreneurship）	为期 15 个月的半工半学项目，为参与者提供剑桥大学高质量的学习机会；为技能创业及社会创业提供支持；开设四类课程：创业意识与技能、机会识别与观念评价、准备与实施商业案例、管理起步阶段的企业	面向开始创业生涯或者已经在创业方面起步的人
启动硕士课堂项目 （Startup Master Class）	支持英国东部的早期创新企业；利用晚上开展系列讨论；目的是创新和构建新企业成长的文化环境；关注企业早期成长和中小企业的发展；意在帮助考虑自我创业的个体；提供一对一的商业诊断	面向开始创业生涯或者已经在创业方面起步的人

　　从上面所列出的项目中，可以看出剑桥大学创业项目普遍的突出特点是多元主体的参与性与带动性，侧面反映出这些项目具有很大的吸引力以及具备多元网络体系的构建力。例如，"点火项目"就是由 9 个不同的合作伙伴联合支持并运行实施的，其中包含大学内部组织、英国政府机构、国内外企业、国外银行、国外科技协会技术研究中心等，具体涵盖"剑桥大学知识整合中心"（Cambridge Integrated Knowledge Centre）、"工程与物理科学研究委员会"（Engineering and

Physical Sciences Research Council)、"西班牙储蓄银行"（La Caixa Banl）、"波兰科学基金"（Foundation for Polish Science）、"墨西哥科学技术协会"（Institute of Science and Technology of Mexico City）等。以上多个合作伙伴共同协作供给资金、人力与智力，开发设立创业项目，形成良性互动持续运转的创业网络体系，组成剑桥大学创业项目、创业社会网络体系以及创业教育体系的重要部分。

再如，运行良久的"创业星期二"项目，其拥有 7 个长期合作伙伴。在此简单阐述其中两个合作伙伴："超越利益"（Beyond Profit）与"剑桥创业有限公司"（Cambridge Enterprise Limited）。前者主要是通过组织社会创业研讨会、开展社会创业课程等方式帮助学生实现从创业意向到行动的转变。后者则致力于知识产权和专利的保护与开发，激发剑桥大学教职员与研究团体的研究动力并保障他们的合法权益。据统计，仅 2010～2014 年，"剑桥创业有限公司"通过其运作的剑桥创业种子基金（Cambridge Enterprise Seed Funds）和创业风险伙伴基金（Cambridge Enterprise Venture Partners）为剑桥创业活动提供了 3000 万英镑的支持，为创业教育及相关项目的稳定与高效运行提供了物质基础与实现保障。

3）赫尔曼·豪瑟专家中心。剑桥大学赫尔曼·豪瑟专家中心，其名称来源于剑桥大学校友、澳大利亚物理学家、早期高技术创业者赫尔曼·豪瑟（Hermann Hause）。该中心吸引整合社会资源，以其独特的运行方式和实施特点支持创业教育，促使带动一定范围内的受众群体进入大学接受创业教育。

从具体运行方式上看，赫尔曼·豪瑟专家中心主要通过合纵连横的独特方式影响创业教育的实施。纵向上，联合校内创业教育核心组织机构，与剑桥创业中心和创业学习中心建立紧密联系，共拓共享校内外创业教育各类资源。横向上，则是从三个方面去拓展创业教育及其影响力。其一，组织创业教育实践活动，包括提供专业教育与创业教育交叉融合的课程，开展吸引外部利益相关者参与的创业活动，推动俱乐部及商业竞赛等；其二，资金供给支持创业课程建设、创业活动开展以及企业员工培训等，并鼓励吸引校友、创业企业家进行资助；其三，转化师生科技成果，提供技术支持服务，建立衍生或合资企业，为学生创业知识与技能、创业精神等创造实习、实训的平台。

从实施特点上看，赫尔曼·豪瑟专家中心开展组织的创业教育活动在培养目标、培养对象、教学手段方面有着突出的特点。其一，培养目标"弹性化"，不以创业成功与否作为创业教育质量优劣的唯一评价标准。该中心指出尊重每个学生的差异性，促进学生个性全面发展。具体目标为：基本了解掌握新企业创办过程，有机整合专业知识和创业知识，提升对创业问题以及创业机遇的敏感性，提高生涯规划能力并在资源、信息有限的背景下做出正确分析与判断，同时在个体与组织水平上把握机会等。其二，培养对象开放化，中心除了向本校内部学生提供创业教育外，也尊重社会潜在创业者、社会组织等的学习权利，认为政府官员、艺术家、医生、护士、失业者，甚至牧师都可能成为潜在创业群体，同时探究不同环境背景下不同群体创业行为是如何得以实现的。其三，教学"情景模拟化"，组织学生参与该中心衍生公司的日常工作，在具体的创业实践环境中观察创业者的行动，体悟创业思维方式，激发学生创业潜能，提升学生创业意识以及创业的归属感与控制感。

（3）课程设置。剑桥大学创业课程以学生为中心，由两个部分组成，包括无学分课程和有额外学分课程。其中，无学分课程主要是选修课，针对那些对创业有兴趣的学生，同时也乐于向其他高校和广大市民开放。

1）无学分课程。剑桥创业中心成立以来，根据学生学习时间的长短开设过很多课程，如优秀企业家讲座系列、虚拟学习网络、新兵训练营、大师班、创业学生等。在不断的实践与探索中，结合学生的反馈意见，学校在无学分课程的设置上不断设计、调整，最终将课程集中为有限几个。其中，开展时间较久，开展的课程数较多的是创业星期二讲座。

顾名思义，星期二讲座是每周的星期二，从晚上六点开始在艺术学院的报告厅开设创业教育讲座。为了鼓舞学生，组织者会邀请那些在各自领域做出贡献，并有很高公信力的人来做演讲。讲座内容一般分为三个部分：晚六点至七点是讲座，主要采用讲授式的教学方式；晚七点至八点为交流和建立人际网络的时间。在这特定的时间段里，学生可以与一起学习的创业人士或者演讲者进行交流沟通；在晚七点半至八点半还可以进行小组活动，创业小组内部和创业小组之间互相激荡思想，交流心得与经验，获得成功的创业家亲自指导。

创业星期二讲座遵循了从理念到实践的循序渐进的学习过程，主要分为三个学期：第一学期要了解创业是什么，自己是否适合创业，主要是对创业理念和自己的创业能力有个初步了解与判断；第二学期主要是围绕如何去创业开展进一步学习，主要是对知识与技能有所掌握；第三学期就要亲自去参与创业，学以致用，完全是学生组成创业小组，教师根据各小组的情况进行个别指导，学生在实际操作过程中剖析不足，不断成长。如表 2-6、表 2-7 所示。同时，这一课程安排与创业计划比赛同步，并对完成了整个课程的学生颁发证书。

表2-6 创业星期二讲座第一学期主要课程目标

"创业是什么，它是否适合我"，既有对创业意识、理念、创业目标、过程等的理解，也有对学生个性方面的培养

阶段	课程目标
一	对创业有明确的认识，树立清晰的信念与坚定的品质
二	对商业想法能够正确的评估，并把想法转化为机会，还要使这些想法可以量化，可以在现实中一步步实现
三	对自己所拥有的资源非常了解，学会寻找信息，建立人际网络，寻求社会资本的支持
四	对创业中的风险和面临的选择要有所准备，对自己能够承受的风险和不确定性要有所认识
五	成为一个善于推销的人，锻炼意志与激发热情，发掘自己的个性品质
六	知识创业

表2-7 创业星期二讲座第二学期主要课程目标

"如何去创业"，如何能够运用有创造性又结合实际的方法去推销自己的产品和服务

阶段	课程目标
一	学习已有企业的经验教训。从公司启动到上市，有5~6个关键因素影响到企业的成败，这几个因素在创业阶段同样起着至关重要的作用
二	如何寻找资金、在哪儿寻找、如何解决遇到的典型问题；学会同天使投资人、风险投资家和企业家进行交流和讨论
三	在创业最开始如何建立一支团队，如何针对不同职位选择合适的人，如何获得丰富的人力资源
四	制作简报，通过务实的图表和活动，帮助人们认识和理解你的创业项目
五	如何去真正经营一个企业；认真思考如何使自己成为合格的领导者并获得团队的支持
六	制订营销计划

2）学分课程。自1999年开设1门创新课程到21世纪增长到10余门，学分制的创业教育课程呈现出明显增长的趋势，反映出学生对创业教育的需求与渴望。学分课程基本分为两种类型：一种是面对MBA的，这占了创业教育课程的很大比例；另一种主要是面对理工科的在校学生，这些课程通过考试或书面作业的形式监测学习成果，这个学习成果就是关于商业计划书的撰写与创意的形成。

另外，不同专业在上课内容和时间上都有所差别，如生物化学专业 4 小时、化学工程 12 小时、物理学和计算机科学 16 小时。

（三）英国高校创业教育特色[①]

英国高校创业教育之所以开展得如火如荼，与社会各界的大力支持密不可分，尤其英国政府为鼓励学生创业颁布了一系列鼓励创业的优惠政策。在内外环境的影响下，创业教育不断发展，并逐渐形成了自身的特色，积累了丰富的成功经验，为高校创业教育的蓬勃发展打下了坚实基础。

1. 创业教育发展政策环境良好

根据全球范围调查资料显示，英国被公认为是开展创业教育以及创业环境最好的国家。在英国，高校创业教育发展的内驱力很大程度上受政治力量驱动而非仅仅受社会需求的驱动，创业教育的发展遵循一条自上而下的发展道路，即与政府的大力支持息息相关。

近年来，不仅英国政府教育与技能部（DFES）、贸工部（DTI）、财政部（HMT）和首相办公室（ODPM）四个部门制定与高校创业教育相关的法规与政策，而且创业教育项目大部分的资金也来源于政府部门，如贸工部、科学与技术办公厅（OST）、教育与技能部、高等教育基金委员会，这些部门共同资助和管理的高等教育创新基金，鼓励大学与企业和社区的合作，促进创业教育发展。

首先，政府各项政策措施如科技创新政策、知识产权政策、支持中小企业发展的创业政策、鼓励大学变革和创新的教育政策和新的工业福利政策相互协调和配合，形成了有利于大学生创业的政策环境。

其次，与美国创业教育发展主要依靠私人捐赠有所不同，英国创业教育的大部分资金来自政府，政府为创业教育买单，为创业教育奠定物质发展基础。

最后，英国科学创业中心和全国大学生创业委员会，这两个全国性组织在英国高校创业教育中发挥着举足轻重的作用。以大学为依托，全国性创业教育组织将大学与外界连接起来，开展创业教育教学，促进智力财产转化，推动英国全国范围创业教育发展。

---

① 金丽：《英国高校创业教育探究》，东北师范大学硕士学位论文，2009 年；周才芳：《英国高校创业教育研究》，广西师范大学硕士学位论文，2011 年；韩建华：《英国高校创业教育研究——以牛津大学赛德商学院创业教育实践为例》，河北师范大学硕士学位论文，2011 年。

2. 高校自身支持发展创业教育

在英国政府大力支持发展创业教育的大环境下，高校自身也积极将创业教育明确纳入大学的规划和政策之中，鼓励师生创业并为师生创办企业提供相关智力支持与相应的物质支持，尽量减少创业所带来的风险，为创业教育打造有益的内部环境。

第一，高校将创业教育纳入学校整体战略规划并制定相应明晰的奖励制度。一方面，在创业和创业教育概念上达成共识，满足广泛的利益相关者的需求；另一方面，对在创业教育方面做出贡献和成就的教师，包括为大学生创业提供支持和帮助的教师和相关人员，如就业指导中心的成员，给予奖励和学术发展的机会。此外，高校内部成立创业教育中心，为有志于创业的学生提供指导、培训、研讨、诊断等服务，帮助其执行商业计划、组建创业团队、发现客户和开发市场。

第二，创业教育不局限于个别学院，每所大学都有整体性的创业教育方法。如建立一个跨学科的创业研究和教学中心，集聚创业教育各个领域的专家学者、学术人员、创业家和其他具有创业教学经验的培训者，相互思想碰撞，共同开发系统完整的创业课程和创业教育资源，支持科研成果的转化和衍生企业的孵化与创办。

第三，在政府资助下，大学广开创业教育资金渠道。创业教育资金来源主要包括高等教育资金委员会、高等教育机构自身、地区发展局、地方政府、学习与技能委员会、全国大学生创业委员会等。这些资金的提供保证了英国创业教育的顺利开展与持续发展。

第四，大学鼓励在校生到科技园的中小企业进行实习或工作。如以剑桥大学为中心形成的高技术产业聚集被冠以"硅沼"、"剑桥集群"，周边拥有1000多家高科技公司，员工达3万人，是欧洲最大的高科技工业聚集区，成为信息技术、电子与计算机技术、生命科学技术、生物医学技术等领域科技产业革命的助推器。科技园雄厚的科研能力和科技成果转让制度，造就了一批批快速成长的企业，为师生衍生初创企业、为梦想青年提供了施展平台。

3. 创业教育课程结构的整合性

在实践与探索中，英国高校的创业教育课程已然形成了一个多元互动体系，呈现出整合性的特征，从课程开发、教学方法、教学师资、创业研究到课外创业实践活动形成了开放性、连接性、统整性课程结构。

首先，高校创业课程合作开发网络化。英国大学的创业课程开发一般都不是由单个大学独立进行的，而是形成了一个高校之间共同合作、资源共享的课程开发网络，当然也存在一些特殊情况，如创业教育兴起初期的先锋性大学——杜海姆大学，在此不加赘述。为有利于各地区间高校合作网的建立，大学采取的合作方式主要有：增加创业课程模块的数量、提高学生创办企业数量、与商业支持网络建立联系、促进当地企业家直接与教师和学生合作、建立实体和虚拟孵化器等。总体而言，就是建成一个优势互补、有效评估并具有附加价值的国家公共规划、地区组织、大学和一些私立机构之间的关系网络。

其次，大学生创业课程与各种创业援助整合。这些创业援助整合一般包括地区创业事件、就业指导、商业连接、科技转化处、专利办公室、英国贸易与投资、壳牌在线以及与企业家发展的这几大方面的相关整合。通过这些创业援助的整合，高校创业教育就可以从课堂走向实践，师生创办的企业就能获得外界实质上、落地性的帮助。

再次，大学生创业课程与创业研究整合。当创业成为一种趋势，与创业教育相关的创业教学模式、创业学习的研究也将成为一种必然要求。从相关的文献中可以看出，英国已经形成了一批从事创业学术研究和教学的专门教师群体，其中最有影响力的创业教育研究的学者包括 Allan Gibb、Andrew Atherton、Kelly Smith、David Rae 等。另外，英国创业教育的学术交流活动也异常活跃，高等教育学会和全国大学生创业委员会联合举办很多学术会议并参加欧盟组织的创业教育会议，例如 2006 年 9 月在约克举办的名为"实现创业成果：教育者面临的机遇与挑战"的创业教育国际会议。英国还积极开展创业教育的国际交流项目，如全国大学生创业委员会与美国考夫曼基金会的合作，剑桥大学与麻省理工学院的合作项目等。

最后，英国高校创业课程与课外课程整合。当创业课程从商学院渗透到其他学院、课程数量不断增加、课程种类层次不断丰富的同时，创业课外课程也在蓬勃发展，有的大学课外创业活动类型发展近 30 种，其影响力甚至超过了课程。在创业课程与课外课程的双重影响下，大学内部创业文化得以推广，学生创业意识得以增强，有些学生甚至没有修习创业课程，但是通过参加校内外的创业活动课程获取创业经验，培养发展了创业能力。

4. 创业教育基础设施建设完备

为保障创业教育的顺利开展，英国高校提供完备的基础设施建设，为创业教育质量和成效提供实施保障，其具体建设内容主要包括以下几个方面：

第一，大学专门设立专职创业拥护职位。2001 年在知识探索基金的赞助下，威尔士的 13 所大学设置了创业拥护角色，旨在发动和支持大学创业文化的变革，促进和开发创业战略、创业活动，将创业教育模式引入威尔士的高等教育机构，推动创业教育可持续发展。

第二，大学设立课程开发基金。英国很多高校为创业课程提供资金保障，以适应创业课程的持续开发。课程开发不仅需要教师投入大量的时间和精力，也需要先进的教育技术手段支持，另外很多创业课程需要跨院校教师的通力合作，还会与企业界共同开发，共同搜寻、提炼、编写教学材料和教学案例。所有的这些都需要充足的资金才能得以正常开展。

第三，提供各种创业支持与服务。在师资方面，教师具备创建企业的实际经验并能够直接为大学生提供咨询、指导，评价学生的创业想法，指导创业计划书的撰写；在内部设施方面，创立大学科技园、孵化器、研究园、学生创业俱乐部为大学生创业提供工作空间、上网设施、会议室、共享办公桌、虚拟创业、创业交流等，支持大学生创业；在外部互动方面，为大学生创业者提供宝贵的网络系统，使他们能够有机会接触种子基金、风险资本家、天使资本和科技园的各种服务；在资金援助方面，设立学生创业资金池、实施创业奖励，助力学生创业梦。

5. 注重创业精神和意识的培养

在英国高校，创业教育是一项长远的教育方式，它对学生更是一种创业精神和创业意识的培养，由注重简单的创业知识传授与动手实践能力的培养向注重创新精神、创业意识和创新创业能力培养的转变，这正是创业教育的意义和价值所在。

英国 2005 年启动的创业远见运动（Enterprise Insight，EI）就是旨在营造一种创业文化，提升青年的创业意识，鼓励青年的创业精神的一项运动。创业远见运动由英国最有影响力的组织团队组成，包括企业、媒体、教育和创业组织、地区发展局、学习和技能委员会和创业家个人，这些都有利于在全国范围内营造一种良好的创业氛围。以创建创业文化为核心，EI 与财政部和小企业服务部在以下 6 个方面从政策上给予优先：一是从基础抓起，鼓励青年随时创业；二是鼓励创业型企业，鼓励并实践学习新的商业战略和公司实践；三是影响教育机构和教育系统，使之成为创业经济的驱动力，广泛培养创业技能，传授创业知识；四是与家长建立联系，使他们能够鼓励学生的创业想法，支持他们创业；五是积极挖掘妇女、少数民族等弱势群体的创业潜能；六是以创新的方式推广创业活动，经由青年的经验学习带来行为的变化从而引起深层次的文化变革。这一运动使学生了解创业过程，获得创业技能，更为重要的是激发学生创业热情，释放创业潜能，提升创业意识。

6. 全社会支持创业氛围的营造

与美国等发达国家相比，英国整体创业水平可能并不占优势，加之，英国固有的保守性历史文化也使得创业教育并未即刻突破保守的藩篱。所幸创业教育的步伐在历史的车轮中，因政府的主导和社会的意识觉醒与广泛支持，从 20 世纪 80 年代以来，形成了一定的创业风气和创业意识，并如火如荼地开展起来。

不仅英国联邦政府、地方政府、教育与培训部门，同时商业圈、企业、社区组织和媒体等社会团队组织也在为大学生创业提供援助，也就是说全社会都成为英国高校创业教育发展的有力后盾。在此，值得一提的是英国目前有两个有影响、有成效的企业支持创业项目。第一个是安置大学生到中小企业实习的壳牌技术创业项目，它是 1986 年英国壳牌公司发起的一项社会投资项目，当时是作为一项地方性的计划，安置一些大学生到企业实习，作为试点取得成功后，在全国范围内推广。据悉，该项目已经为大学生安置了上万个实习岗位。第二个是壳牌在线支持大学生创业。2000 年 6 月，荷兰皇室和壳牌集团成立的壳牌基金会，支持三个领域的项目：一是可持续性能源项目，二是可持续性发展社团项目，三是青年创业项目。该项目支持青少年发展，尤其是鼓励青少年创办自己的企业和自我雇佣。这些项目为学生提供了比较直接又很实际的创业学习机会，如咨询服务、个性化建议、意识培养、商业计划和创意研讨、客座演讲等。

简单地概括如下：一个大学生在创业的征程中，既可以得到课程教师、导师的帮助，也可以得到银行、律师等专家组织的支持，还可以得到亲人、朋友、校友以及其他成功创业者的支持。全社会支持创业的氛围不仅帮助创业者更好、更快地实现梦想，而且也为创业教育的发展提供不竭动力，有助于创业教育的健康持续发展。

三、日本创业教育分析

日本将创业教育称为"企业家教育"。作为一种新的教育理念，日本将创业教育作为培养未来富有挑战性人才的战略，积极部署高等教育及基础教育阶段创业教育的实施①。经过多年的探索与实践，日本逐渐形成了具有自身特色的创业教育模式，即拥有相对齐全的创业教育课程、创业基础设施及广泛的社会支持体系。

（一）日本创业教育发展回顾②

创业教育，这个概念来源于美国，用日语表示为"起业家教育"，也有翻译成"企业家教育"。作为一种新的教育理念，日本创业教育本身的历史并没有多长时间。20 世纪 60 年代，日本经济的高速发展急需高科技人才和技术娴熟的工人，日本高校重点培养应用型理工科类专业人才，尝试与企业合作开展产学合作教育。随后，一些高校开始开设帮助技术拥有者实现创业的课程，这个时期的课程层次和范围都非常有限。

20 世纪 80 年代，日本高校的创业教育开始起步，多数高校开设以创业教育为主题的讲座，培养学生的创新创业能力。90 年代，日本泡沫经济破灭，经济低迷、人口负增长以及高失业率严重影响了经济的发展。为了推动经济发展，日本政府调整高校教育理念，把培养能够创造新价值的创业型人才作为重要战略目标。日本高校开始实现"企业见习制度"，这在一定程度上培养了学生的职业观念和工作能力。1995 年，日本《科学技术基本法》的出台正式揭开了日本大学生创业教育的序幕。

进入 21 世纪，日本高校以培养学生的创业家精神、生存能力、思维方式、创业技能为重点，面向大学生、研究生和社会人士等有关人员全面开展创业教育，创业教育迅猛发展。经过十几年的发展，日本已有早稻田大学、信州大学、庆应义塾大学、大阪商业大学等 200 多所高校将创业教育纳入本科和研究生的选修或必修课程，实行形式和内容各异的创业教育。

---

① 李晓佳：《日本创业教育的经验与启示》，《科学大众科学教育》2014 年第 12 期，第 168 页。
② 李志永：《日本大学创业教育的发展与特点》，《比较教育研究》2009 年第 3 期，第 40－41 页。

（二）日本创业教育发展分析

经过多年的研究和实践，日本高校的创新创业教育独具特色，极大地提高了青年创业的意识和能力，对日本的经济发展和人才培养起到了推动作用。

1. 创业教育理念和目标明确①

日本创业教育以大学风险企业创设作为突破口，通过创业教育激励计划（Entrepreneurial StimulationProject，ESP）的平台，整顿学校环境，构建一个适合企业家培养的三维体系。这一体系由 5 个相互交叉的部分构成，即学生创业教育、大学校园指定空间、数据库资源和信息网络、社会力量、提供服务网络。ESP 理念非常重视企业家培养环境的创建，成为日本众多学校开展创业教育的基本框架。如图 2 – 1 所示。

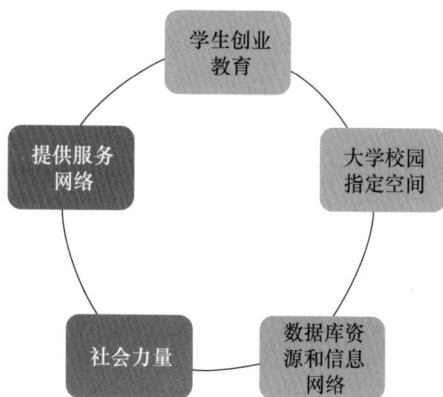

图 2 – 1　日本创业教育理念——ESP 理念

（1）学生创业教育。是以大学生和研究者为对象的商业教育计划，该计划主要通过学生必修一定科目的课程，邀请国内外著名企业家到校演讲，到国内外风险企业实习，开展创业计划设计大赛等途径实施。

（2）大学校园指定空间。主要是指通过开放校园的方式，为研究室、研究者、学生、企业人士提供社交性质的论坛。通过学科交叉、文理互动、交流创业计划等广泛的形式开展活动，实现大学资源的综合利用，在师生之间建立一个广

---

① 杨洁：《日本大学开展创业教育的实践研究》，《中国科教创新导刊》2011 年第 14 期，第 52 页。

泛的网络，形成一个包括校友在内的创业互助体系。

（3）提供服务网络。为创业者的创业实践构筑服务体系，如通过校内企业孵化设施、创业辅导机构、种子资金服务机构等，为创业者提供咨询、服务，为比较有潜力的创业计划提供种子资金和运营资金。

（4）社会力量。通过利用学校的校友网络、地域性企业支援机构、非营利机构等社会资源，实现学校和企业、社会的对接，共同完成学校创业基础设施的完备、创业课程教材的设计、创业风险资金的融资。同时，积极反馈社会，促进地域经济的发展。

（5）数据库资源和信息网络。建立关于创业管理经营的专门数据库，为广大创业者提供创业知识的资源库。与此同时，建立针对风险企业的程序库，把握风险企业的发展动向。

2. 创业教育课程内容多样化

日本创业教育课程内容的开发大多会根据公司的能力框架来开设，众多的创业教育机构和相关企业会从不同方面提出创业家应该具备的能力要求，形成与此配套的创业课程开发体系[①]。日本创业教育在实践中，已逐步形成了内容宽泛、形式多样的课程体系。据统计，日本高校面向本科生和研究生开设多达 928 门创业课程，且全部被纳入实施创业教育高校的选修或必修课中。其中，列为本科课程的有 523 门，提供给研究生研修的有 405 门，极大地满足了日本大学生对创业知识的需求。虽然课程形式多样，但从内容来看，主要可以归为以下两大类[②]，如表 2-8 所示。

表 2-8　日本创业教育课程体系

课程分类	开设课程
创业知识类	企业经营管理知识：企业经营、风险投资企业概论、风险投资企业特有的经营秘密等 金融财务知识：金融市场与资本政策、企业会计、筹措资金的实务知识等 市场运作知识：市场机制的相关知识、市场营运的必要性与技巧等 法务知识：有关税务、劳务、法务的实务知识，知识产权及其应用战略等

---

① 苏海泉、余岚：《大学创业教育比较——以中国、印度、日本为个案》，《辽宁工程技术大学学报》（社会科学版）2011 年第 13 卷第 2 期，第 193 页。

② 陈瑞英、顾征：《新世纪日本高校的创业教育：现状与课题》，《高等工程教育研究》2010 年第 2 期，第 23 页。

课程分类	开设课程
创业实践类	互动课程：企业计划的制作练习、创办企业经验者经验谈、见习指导 商务管理课程：商务礼仪概论、商务谈判技巧等 创业教育讲座

资料来源：根据公开资料整理。

（1）创业知识类课程。这类课程主要涉及：企业经营管理方面的知识，如"企业经营"、"风险投资企业概论"、"风险投资企业特有的经营秘密"等；金融财务知识，如"金融市场与资本政策"、"企业会计"、"筹措资金的实务知识"等；市场运作知识，如"市场机制的相关知识"、"市场营运的必要性与技巧"等；法务知识，如"有关税务、劳务、法务的实务知识"、"知识产权及其应用战略"等。

（2）创业实践类课程。这类课程主要是让学生亲自动手参与的实践型课程，如"企业计划的制作练习"、"创办企业经验者经验谈"和"见习指导"等。有的高校还开设了有助于开展商务活动、进行商务沟通、拓展商务渠道方面的课程，如"商务礼仪概论"和"商务谈判技巧"等。此外，实施创业教育的日本各高校还普遍开设了定期或不定期的创业教育讲座，聘请有创业经历、实务经验者为学生传授心得和经验。

3. 创业教育师资队伍专业化

日本创业教育十分注重师资队伍的建设。目前，日本高校创业教育的专业化师资都是由既有创业实践经验又有深厚创业理论基础的专职教师和具有创业背景的成功人士或行业专家组成的兼职教师构成。兼职教师主要来源于企业，据统计，日本高校中大约30%左右的学校都会从校外聘请一批创业管理专家和企业家兼任授课教师。这些受聘担任兼职教师的，主要是风险投资企业的经营者（有创办企业经历者）、金融机构或基金管理机构的从业者、企业经营顾问、律师、会计师、税务会计师等，如图2-2所示。专职教师主要是理工科或文科教师出身，主要从事创业教育科研工作。并且，专兼职教师构成比例合理。据统计，目前在实施了创业教育的日本各高校中，从事经营管理学或经济教学和科研工作的教师占教师总数的50%以上；拥有创业经验者约占40.3%；理工科出身的教师约占 37.1%；文理科教师联手共同授课的约占 53.2 %①。

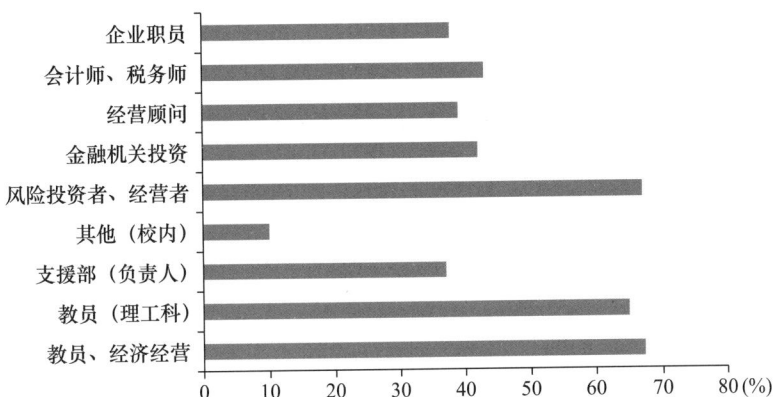

图 2 - 2 实施创业教育的师资构成

资料来源：陈瑞英、顾征：《新世纪日本高校的创业教育：现状与课题》，《高等工程教育研究》2010 年第 2 期。

另外，日本高校还非常注重教师的培养，在产学合作的机制下，通过"教员企业研修制度"、"社会人讲师派遣制度"、"企业参观会制度" 等形成了师资培养的长效机制，以此启动"双师制度"，快速地提高了创业教育的水平②。

4. 创业教育支援体系完善化③

在推进创业教育发展的过程中，日本的众多社会机构通过构建创业教育公共信息平台、开展形式多样的创业教育支援活动、挖掘图书馆创业教育资源、创设"一站式"创业社会服务机构等支援措施，构建起服务高校创业教育的良性社会支援环境，推动了高校创业教育的深度拓展。

（1）构建创业教育公共信息平台。日本政府非常重视创业教育的公共信息平台建设，逐步形成了"官方主导"和"官民协作"两种创业教育的公共信息平台建设模式。

---

① 陈瑞英、顾征：《新世纪日本高校的创业教育：现状与课题》，《高等工程教育研究》2010 年第 2 期，第 23 页。

② 南方教育网：《美日高校创业教育的特征与差异分析》，http：//www. gdjy. cn/show. php？contentid =92712，2016 年 2 月 25 日。

③ 李振玉、李志永：《日本高校创业教育的社会支援举措探析》，《外国教育研究》2013 年第 40 卷第 5 期，第 112 - 117 页。

一是"官方主导"的 DND 平台模式。2002 年，日本经济产业省设立了支持"高技术创业"的综合信息平台（Digital New Deal，DND），并建立了双向互动的网络，为日本国内所有创业者、潜在创业者、创业支援者、个人风险投资家和风险基金服务机构提供了自由收集信息、交换意见的平台。同时，该网站还收集了大量有关国家和地方政府的支援政策、资助金、补助金、各种创业活动、创业计划竞赛等信息，并配备了可供检索的数据库。创业活动相关者只要上网注册成为会员，便可以享受创业支援服务。

二是"官民协作"的 3W 平台模式。2009 年 5 月，日本经济产业省依托其委托项目（创业型人才育成事业），聚集了大量来自大学及企业界与创业教育相关的有识之士，包括从事创业教育及创业技能相关工作的大学教师、风险企业相关人员、风险投资者等，共同创办了"大学与研究生院创业教育促进网"。创业教育促进网下设立一个秘书处和三个工作小组（示范讲座培育 WG、外聘讲师活用 WG、教材与案例 WG），具体负责开展相应部分的工作和日常行政事务。该平台经常发布有关创业政策的信息，举办创业教育专题报告会，为潜在的创业者提供网络化创业指导课程，以及其他课外创业活动的相关信息，并致力于构建有利于潜在创业者积极创业的人际关系网络平台，有效引导高校创业教育实践向着更加完善的方向发展。

（2）开展多样化的创业教育支援活动。基于创业教育促进网，日本各高校开展了一系列充实教育第一线内容的活动。一是推广创业教育示范性讲座，包括企业家专门教育型课程讲座、经营技能综合演习型课程讲座、创业技能专业型课程讲座、创业精神涵养型课程讲座等。二是组织创业教育先进经验交流活动，安排创业教育相关人员去已经形成创业教育独特发展模式、特色课程、先进理念的学校参观、学习，各高校、研究者之间可以通过对先进学校的案例研讨，达到相互促进的作用。三是成立校外教师工作小组，该小组负责收集校外讲师基本信息，包括所属企业、经历、授课内容等，制作校外讲师人才数据库，并公布在网络上，各高校可以根据教学需要选择自己所需的外部讲师到学校开办讲座和技术指导，以便缓解实战型创业教育师资的缺口问题，提高创业教育的实效性。四是筹建创业教育讲座数据库，使用者在平台网站上进行检索即可获取学校与创业教育相关的研讨会、创业计划竞赛、创业实习制度、孵化器设施，甚至关于创业教育课程的核心内容等相关信息。五是举办全国性创业教育交流会、研讨会等。2010 年，经济产业省委托创业教育促进网邀请了美国百森商学院从事创业教育的资深专家威廉·拜格雷夫（William Bygrave）教授，针对创业教育的案例教授法问题进行探讨。

（3）提供"一站式"社会服务。日本非常重视创业教育支援机构的建设。如日本高校系统中的创业实验室支援平台系统，通过为学生提供技术转移、创业培训、模拟实习等有效提高了大学生创业的针对性。此外，各地域创业支援中心提供的窗口服务也在一定程度上解决了创业面临的众多困难。如组建体系化的支援团队，通过完善创业支援机能、建设专业的创业支援人才队伍等方法不断改进社会创业支持水平。但从总体上而言，受专业知识和人员条件等因素影响，这些机构不可能提供有关创业的所有支援。因此，日本政府围绕地域中心，将所有推动创业的机能和机构进行优化，从而组建一个包括创业资金支援、创业专业知识支援、专业人才支援、专业项目评估团队等在内的"一站式"创业支援机构。这个机构被称为"创业支援银行"，不仅可以提供短期的无偿服务为创业大学生解决问题，如创业所需的专业人才（会计、法律）、短期资金借贷、设备低价租借等，还能起到孵化器的作用，同时具有孵化器不具备的灵活特点。日本认为，创业教育是一个庞大的社会系统工程，需要一个开放、互动、循环的支援网络作为支撑。

（三）典型院校分析——高知工科大学[①]

在日本创业教育的发展中，日本高校具有不可替代的重要地位。日本是一个科技强国，以工科大学作为案例来分析其创业教育发展模式，具有较好的代表性。鉴于此，本书以高知工科大学作为此部分的研究对象。高知工科大学为日本工科大学的代表，从创建之初，就把"建成世界一流大学"定为办学目标，学校领导人大胆尝试新事物，试图改变日本的高校制度。经过多年的摸索，基于日本各个产业的需求，高知工科大学逐渐形成了集科研、开发创业管理于一体的多元化开拓型人才培养模式，以培养大批社会急需的复合型高科技创业管理人才。正是在这种新型的人才培养观的指引下，高知工科大学一步步走入了创新型大学的行列。本书将从课程设置、师资队伍和支持体系三个方面对高知工科大学的创业教育模式进行研究分析。

---

① 黄爱珍：《美英日创业教育模式的比较及对我国的启示——基于百森商学院、赛德商学院和高知工科大学的例子》，江西财经大学硕士学位论文，2012年，第18－45页。

1. 创业教育课程设置

高知工科大学创业教育课程主要针对研究生，此外还包括一些在职人员。其中，硕士研究生主要通过创业课程实践实例获得经营需要的基本知识、方法和策略，从综合的视角进行创业研究；博士研究生创业课程则选择产业界活跃的人物作为学习对象，学习专业知识，使其成为拥有经营知识的技术人员、研发人员。从课程的实施类型看，主要包括研讨会和创业教育课程。其中，研讨会的学生对象主要是在职人员且层次较多，旨在为社会上有创业需要的人才提供创业教育学术交流场所，如表2-9所示。

表2-9　日本高知工科大学研讨会课程

研讨会	学生对象层
管理技术研讨会	①大企业、中小企业需要掌握经营方面知识的技术人员 ②技术类企业和制造业需要掌握必要管理技术战略的人员 ③利用IT技术创业的人员 ④通过将技术引进企业开辟新事业的人员
商业管理研讨会	①大企业、中小企业需要掌握经营知识的管理人员 ②企业经营者、二次创业者、创业者、创业预备军 ③本地非营利组织的创业者、经营者 ④希望学习管理知识的公司职员、家庭主妇、教师或公务员
司法管辖区管理研讨会	①当地政府官员 ②对诸如城市规划和环境保护综合管理领域感兴趣的人员 ③活跃在社区，对管理感兴趣的研究和设计人员 ④农协、鱼协、商店街、工商会议所营运人员

资料来源：根据公开资料整理。

创业教育课程分为9大类27门小类，其中核心课程有13门（见表2-10），如技术和管理理论、行政管理理论、营销策略、创业理论、创新、国际工商管理、会计理论等，这些课程为必修课程，硕士生至少要选择9门，而博士生则最少要选择3门。

表 2 - 10　日本高知工科大学创业教育课程

类目	课程（科目 27）	核心课程（13）
技术和管理理论	工程公司概论	
	技术和管理理论	√
	质量工程	
理论创新	创新	√
	信息产业概论	
	知识产权	
市场营销	营销策略	√
	市场调查	
	理论传播	
创业理论	创业理论	√
	区域产业发展理论（理论部分）	√
	区域产业发展理论（实践工作）	√
企业管理理论	理论业务	√
	管理策略	
	产业结构理论	
项目管理理论	国际工商管理	√
	财务战略	
	风险管理	
行政管理理论	行政管理理论	√
	管理信息系统	
	环境管理	
经济和金融理论	经济管理	
	财务金融工程概论	
	会计理论	√
通用	研究方法	√
	演示	√
	商业计划书	√

资料来源：根据公开资料整理。

在创业教育课程实施过程中，高知工科大学非常注重培养学生的主动学习能力。课程理念是：创业教育不应是以教师为唯一主体教授学生知识，而应从多方面让学生主动融入学习中，学生也可能在某些领域有突出贡献，在某些方面他也可以是老师。基于这种理念，2006 年高知工科大学成立了 KUT – GSE（高知工科大学，KUT）创业网络，用于创业教育课程的课外学习。通过 KUT—GSE 创业网络，学生在校期间可以获得信息共享权限，进行信息交流和资源共享以及创业培训活动。毕业后，学生也可以通过信息交流获得创业启发。KUT—GSE 创业网络是高知工科大学课程学习巩固的一大亮点，成为日本众多学校开展创业教育的效仿模式。

2. 创业教育师资队伍

高知工科大学拥有一支实战经验丰富的教师队伍。参与创业教育教学的老师除了本校专属的教授之外，还有社会各界参与创业教育计划的许多非专职讲师客座教授，如表 2 – 11 所示。他们基本都是企业家、技术或非技术系出身，拥有国内或海外经营经验、创业理论和实践方面知识的人才。这些活跃在各个产业的专业人士在创业教育教学中更加注重创业教育实践，根据产业界的实际情况教育、培养日本经济的企业人。正是这些不同背景的创业教育老师，推动了高知工科大学创业教育的不断发展壮大。

表 2 – 11　日本高知工科大学师资队伍情况

教授	专职/兼职	擅长领域
富泽治	专职教授	工学博士、管理学院院长、美国三菱电子设备集团副总裁 擅长领域：创办企业工学论、技术管理论、技术营销论、集成电路系统设计
末包厚喜	专职教授	经营学博士、MBA、日本联合利华营销经理、关西外国语大学教授 擅长领域：工商管理、市场营销
平野真	专职教授	工学博士、MBA、原 NTT 高新技术综合研究所主管研究员
仓重光宏	客座教授	创新科目授课教师。MK 代表顾问、原松下电器顾问、NHK 科研主管
松本平八	客座教授	知识产权与风险管理科目授课教师。STT 代表董事、原三菱电机系统 LSI 开发研究所所长
宫川公男	客座教授	风险管理科目授课教师。丽泽大学国际经济系教授、一桥大学教授

资料来源：根据公开资料整理。

由于教师大多是公司部门的高层管理人员，多年来积累了丰富的经验。在教学中，他们多采用案例实战教学，将 12～15 个学生组成一个小团队进行实验和练习，学生需要利用团队的协助来解决各种问题，并且表达出自己的想法，以此培养学生的逻辑思维，提高领悟能力。

3. 创业教育支持体系

高知工科大学根据自身的办学特色，设有专门独立的模块对创业教育进行系统的支持，包括就业指导、职业（正规课程）、实习支持、企业联席会议、KUT就业指导和求职援助巴士游等。

（1）就业指导。从学生入学开始，高知工科大学就对学生进行就业指导。如高年级的学生向低年级的学生分享他们在寻找工作以及工作后的经验，低年级的学生可以汲取前辈的经验，避免走弯路。学校还为学生定制了就业方案，为学生就业做好充分的准备工作，确保就业能够循序渐进地进行。

（2）职业（正规课程）。学生在学习创业教育基础知识的过程中，通过自我分析，结合自身的工作体会，思考如何规划未来的职业生涯，再运用企业中的研究方法进行模拟检查。另外，创业教育课程中写作也是课程安排的一项重要内容，此外还会安排模拟面试。这些实践性的课程将有助于提高学生毕业后的求职成功率。

（3）实习支持。每年，高知工科大学有80%的大三学生进入"创新工程师"和实习工作岗位中。此外，管理部门每年还会对学生进行2～3次的培训，使学生在工作中的实用技能得到提高。

（4）企业联席会议。为了推动学生就业，高知工科大学积极号召企业来校招聘人才。此外，学校还邀请一些大学、知名企业参加创业教育交流活动，作联合简报。在应邀的公司中，有许多是领先的日本制造商，这些公司在交流过程中会进行约30分钟的单独汇报。

（5）KUT就业指导。高知工科大学创建了"KUT就业指导体系"，旨在引导学生利用KUT的优势，研究公司的各项指标以及进行自我剖析。KUT就业指导手册中还为学生提供了一些找工作的经验以及未来发展的线路图，并介绍了公司的应聘考试，为学生参与应聘提供了较大的帮助。

（6）求职援助巴士游。名古屋（日本中部爱知县西部的城市，也是爱知县县厅所在地）每年会举行业务简报，发布企业最新的业务咨询和动态。高知工科大学为了协助学生参加此活动，实施了求职援助巴士游。每次访问只需要单程票价1000日元。通过巴士游，学生可以结交许多志同道合的创业朋友，也可以了解到一些企业和大学发布的信息，有利于学生掌握最新的商业资讯。

（四）日本创业教育的特色[①]

在日本，创业教育作为一个崭新的教育理念已得到广泛传播，并形成了独特的发展模式。日本创业教育的特色表现在以下几个方面：

1. 注重官、产、学密切协作

近年来，日本创业教育逐渐形成了官—产—学的协同体制。在开展创业教育时，日本充分调动社会各界的资源，形成以政府（经济产业省、地方公共团体、产业振兴团体）、受托或独立进行创业教育的组织（企业和非营利组织）及高校本身的创业教育三者协同互作模式。此种模式既提高了创业教育的效率，又为创业教育的顺利开展提供了必要的条件。

在政府方面，日本经济产业省、文部科学省、厚生劳动省相互协作，形成一个顶层宏观体系，将创业教育作为国家发展的重要课题，共同研究、共同思考、共同行动。日本政府出台了一系列的措施来保证创业型企业的成功开设及运作，同时，在法律方面、资金方面和管理方面都给予了充分的支持，如表 2 - 12 所示。

在产业界方面，日本许多大企业和中介机构都以更加主动的姿态活跃在各个大学中，为日本大学创业教育做出了突出贡献。企业从向学校提供人才需求意见，为大学生见习提供实习基地，到为有潜力的创业计划提供风险资金，再到和大学联合开发创业教育教材、课程，设计创业型人才的培养方案和实施方案。中介机构则将技术与企业联系起来，促进大学研究成果专利的转化，为创业者提供全方位的保障。如提供技术授权的技术转移机构、提供商业支持的创业辅导机构、提供作业场地与商业设施的科学园区、提供资金支持的风险投资、提供人力资源的人力中介及提供法律服务的律师中介等。

在高校方面，日本高校在政府和产业的密切配合下，不断改变大学的教育理念，创立全新的办学思路；加强创业孵化器、创业辅导机构等基础设施的建设；在原有管理和经营学课程基础上结合本校特色，开设广泛的创业课程。除此之外，日本高校还引入具有优秀创业家资质和创业经历的"双师"，提升创业教育

---

① 谢丽丽：《日本高校创业教育课程模式及典型个案分析》，《教育探索》2010 年第 10 期，第 148 页；李志永：《日本大学创业教育的发展与特点》，《比较教育研究》2009 年第 3 期，第 42～44 页；张昊民、陈虹、马君：《日本创业教育的演进、经典案例及启示》，《比较教育研究》2012 年第 11 期，第 50 页。

质量,构建一个从理念到课程、教学、师资培养的完整体系。

表 2 - 12 日本对创业企业的支持政策

	支持方法	内容
法律方面	《中小企业新事业活动促进法》	2005 年实行的新体系主要整理了近年来与创业、经营改革等相关的政策;该法律以促进创业为主,制定包括设备投资减税、天使税制、创业关联担保、投资扶植等一系列创业支持政策
	修改《公司法》	修改后的《公司法》于 2006 年 5 月实施,废止最低资本金制度。新制度的实施意味着只要 1 日元即可成立公司,即原规定开设公司所需要的 1000 万日元最低资本金制度由此废止
资金方面	直接资金	由新事业开拓团出资(中小企业基本设备机构)、中小企业投资育成公司出资等
	间接资金	新创业融资制度、女性·年轻人·年长者创业家支援资金、小规模企业设备资金制度
	信用补足	由信用保证协会进行保证的制度
	补助金	由新事业开拓补助资金、中小企业基础人才确保补助金方式等进行补助
管理方面	研究·研讨会	举办创业学校、创业研讨会、创业讲座
	经营支援体制	由中小企业支援中心、商工会·商工会议所提供的各种信息和与专家面谈的机会
	市场开拓	支持市场投机事业,合法投机事业开辟销路

资料来源:张昊民、陈虹、马君:《日本创业教育的演进、经典案例及启示》,2012 年第 11 期。

2. 重视创业教育体系化

日本在开展创业教育的过程中,很重视学生创业教育的衔接问题。目前,日本创业教育已经形成一个从小学到大学的连贯体系,通过不同形式、不同阶段的创业教育避免了创业技能与创业意识之间的失调,为大学创业教育的顺利开展奠定了基础。

小学阶段,通过手工制作、理财教育等课程,让学生自然而然地掌握自我负责和投资意识,萌发认识创业的想法,从小培养学生的创业心理意识和意志品质。中学阶段,学校对学生进行简单的理财教育和经营管理教育,让学生参与相关的市场调研,培养学生的社会交往、挑战等。大学阶段,学校实施综合的创业课程教育,加强创业精神教育,开展创业技能培训。这种相互衔接的创业教育体系,从学生一生的创新能力发展出发,为不同教育阶段的学生开展不同形式的创业教育,不仅提升学生不断适应社会的能力,还使学生具有想创业、会创业、能创业的精神和意识。如图2－3所示。

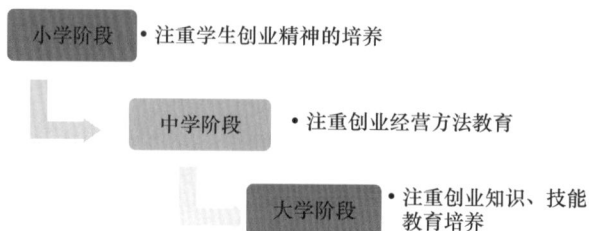

图2－3　日本创业教育阶段

3. 服务地域经济的发展

为了充分挖掘、利用地域经济资源，日本大学尤其是地方私立大学在开展创业教育时，尤其注重与地域特色产业的对接。许多大学将结合本地域产业优势，振兴地方经济发展作为大学人才培养的目标。例如，大阪商业大学的发展目标是"为社会做贡献"，成为一所"扎根地方、学习地方、贡献地方"的大学。每一位学生的思想中都有把自己培养成一个对社会有用之人的责任感。在创业实践中，大学生为本地区企业开展市场调查，寻找企业优势，开拓市场空间。他们利用自身知识为中小企业开展咨询，通过处理具体问题实现企业升级、创新管理的目的。通过这种形式，大学的创业教育对地方经济起到实际的推动作用，也就容易获得地方政府的支持和地方企业的资助。

此外，各地方工商联合团体、金融机构、非营利机构、经营团体、地方大学还设立了创业推进协议会，共同推进创业计划；并且设立创业中心，使有关机构人员、打算创业的人士、企业代表在此交流意见，形成促进地域经济发展的共同愿景。同时，创业中心紧密围绕地域经济发展主题，开设企业设立、财务、经营等讲座。创业教育与地域经济发展紧密结合，极大地推动了地域经济的发展。

四、德国创业教育分析

德国是现代大学模式的发源地，其高校创业教育也一直走在世界前列。德国高校创业教育的目标是培养大学生创新意识，鼓励大学生创业，为推动中小企业蓬勃发展做出贡献。经过几十年发展，德国已基本形成了创业教育政策健全、创业教育课程完善、创业教育管理科学、创业文化浓厚的高校创业教育体系。

（一）德国创业教育发展历程

受各时期所处的社会政治、经济、文化等因素影响，德国创业教育在不同的历史时期有着不同的发展特点。总体上，德国创业教育发展历史沿革大致可以分为以下几个阶段。

1. 萌芽期：20 世纪 50 年代至 90 年代初

德国创业教育最早起源于 20 世纪 50 年代设立的"模拟公司"。当时设立"模拟公司"是为了有效解决职业学校经济类专业实践教学的难题，培养学生的实践能力和增长相关知识。学生可以在"模拟公司"熟悉全部业务操作过程，了解和熟悉各业务环节之间的联系，而不必承担任何经济活动风险。早期德国创业教育主要面对职业学校经济类专业的学生，主要目标是丰富学生专业知识和提升其实践能力，这是德国创业教育的雏形，真正意义上的大学创业教育尚未形成。

20 世纪 70 年代中期，科隆大学（University of Cologne）开展了德国第一个关于创业教育的研究计划和教学课程。德国高校开始实施创业教育，最初仅限于高校开设部分课程和展开一些研究工作。随后，科隆大学、斯图加特大学零星开设了创业教育课程并展开相关研究工作。20 世纪 80 年代，多特蒙德大学设立创业教育研究中心，进行创业教育的研究与教学工作，为创业教育的理论研究提供了平台，有效地推动了德国创业教育的发展。

2. 形成期：20 世纪 90 年代中后期

20 世纪 90 年代，由于受经济衰退、东西德合并等因素的影响，德国大多数公共机构减员增效，大企业纷纷裁员，导致就业机会不足，大学毕业生传统就业市场萎缩，大学生失业率呈上升趋势。90 年代中期，德国失业率达到了 60 年内的最高点，德国国内纷纷指责社会缺乏创业精神，迫切希望政府能提供更好的创业环境以及提供更多就业岗位①。在这样的情况下，创业教育开始逐渐受到政府

---

① 蒲清平、赖柄根、高微：《中德大学生创业教育比较》，《中国青年研究》2010 年第 12 期，第 89 页。

和人学的重视。1998 年，德国大学校长会议和全德雇主协会联合发起一项名为"独立精神"的倡议，呼吁在全国范围内创造一个有利于高校毕业生创业的环境，同时要使高等学校成为"创业者的熔炉"①。同年，创业教育学被纳入德国大学课程，作为 25 所大学生的核心课程，并在 12 所大学设立创业教育学首席教授职位。每所大学创业教育学教授席位达到 30 个以上②。

同时，政府也积极采取多项措施推动高校创业教育发展。首先，在资金上，从 1999 年起，德国便开始在高校推行"生存计划"，用以支持大学生创业教育，仅 1999～2001 年，德国政府就投入了 4000 万马克支持高校创业教育③。其次，政府为大学生创业提供全方位支持，包括制定各类免税优惠政策、提供免费创业培训与咨询服务等。这时期，德国高校创业教育已经逐渐形成并获得一定程度发展。

3. 发展期：21 世纪以来

进入 21 世纪知识经济时代，德国政府更是鼓励高等教育或研究机构与业界的产学合作，给大学生提供创业教育（Education for Entrepreneurs）的课程，帮助他们了解并塑造德国企业的文化。同时，德国政府以及银行还通过提供奖励和扶植创业项目等途径为大学生创业提供直接支持。2001 年和 2006 年，德国联邦教育和研究部分别启动了"EXIST Ⅱ"和"EXIST Ⅲ"计划，进一步加大资金支持力度，将资助网络扩大到 20 个区域，并希望将创业教育观念根植于大学传统教学文化。

同时，高校创业教育课程体系更加完备，内容涵盖了企业的创立、融资和管理等多方面。开设创业教育课程的高校也由 25 所增至上百所，创业教育学教授职位也从原先的 12 所普及到所有创业大学。由此，德国基本形成了创业教育政策健全、创业教育课程完善、创业教育管理科学、创业文化浓厚的高校创业教育体系。

---

① 常建坤、李时椿：《财经类院校创业教育培养模式与实施方案的研究》，《哈尔滨商业大学学报》（社会科学版）2003 年第 5 期，第 144 页。

② 杨茂庆、袁琳：《基于德国经验的中国大学创业教育思考》，《职业技术教育》2011 年第 10 期，第 85 页。

③ 王森：《德国政府支持大学创业——EXIST 计划概要》，《全球科技经济瞭望》2002 年第 3 期，第 30 页。

（二）德国高校创业教育分析

从德国创业教育的发展历程看，德国发展创业教育的初衷在于提供更多就业岗位，创造更多就业机会。在这一目标的指导下，德国已经建立从中小学到大学，再到企业的各个层面的创业相关课程，涉及创业知识、创业精神、创业能力等多方面。其中，高校创业教育迅速发展始于 20 世纪 90 年代，已经形成了较为完善的教育体系。本书重点分析德国高校创业教育概况和典型院校案例。

1. 德国高校创业教育发展概况

经过几十年的发展，德国高校创业教育在培养目标、教学模式、组织模式等方面的建设已颇具成效。

（1）培养目标。德国秉承创业教育是一种素质教育的理念，德国教育学界普遍认为大学创业教育是"以大学生的创业实践体验为基本形式，以创业型教学和创业型文化为基本定位，培养大学生从事创业实践活动所必须具备的创业能力、创业精神、创业意识和心理品质的素质教育"。德国大学创业教育的主要目标是培养学生具有创业的意识和精神以及企业家的思维方式，使大学生能像企业家一样，具备创业所需的知识、能力和特质[1]，能够及时发现创业机会，并不是让每个大学生毕业后都去创业。因此，德国高校创业教育重点关注学生创业意识和精神的培养，让他们具有企业家的思维方式，具备创办企业所需的潜能和素养，实现大学生自身的价值。这也是目前德国大学创业教育的真正目标[2]。

（2）教学模式[3]。德国大学创业教育主要采用两种教学模式：经典教学模式（Classic Didactics）和创业学习模式（Entrepreneurial Learning）（见表 2 - 13）。其中，以经典教学模式为主，以创业学习模式为辅。经典教学模式是以问题为驱动（Problem Driven）的教学路径，其内容主要涉及：教师传授大学生创业教育理论知识，让大学生根据具体情况决定是否自主创业，大学生所学内容都是预先设定

---

① 杨茂庆、袁琳：《基于德国经验的中国大学创业教育思考》，《职业技术教育》2011 年第 10 期，第 84 - 88 页。

② 牛金成、陆静：《发达国家的创业教育及其启示——基于美、英、德、澳大利亚四国的比较》，《黑龙江高教研究》2013 年第 1 期，第 46 - 49 页。

③ 陈雁、符崖、陈晔、田婧：《国外高校创业教育模式与中国高校创业教育的思考》，《创新与创业教育》2015 年第 1 期，第 134 - 156 页。

的，不允许犯错误和模仿，达成具体的学习目标后授予评价等级等。直至2006年，经典教学模式仍然在德国一些大学和学院盛行。而创业学习模式是以对策为驱动（Solution Driven）的研究路径，其主要内容包括：大学生不再作为被动学习者，而成为参与者，参与创业实践活动，学习内容不是预先设定的，没有指定创业教育教科书，而是根据学生在创业实践中发现的问题来选择学习内容。学习的环境也比较宽松，没有授予评价等级的压力，并且允许模仿和犯错误，不授予等级，但需要在限定时间内完成学习目标。这种教学模式后来逐渐被一些大学所重视并采纳。

表2-13　经典教学模式与创业学习模式比较

教学模式	经典教学模式	创业学习模式
	教师讲授	教师引导，师生讨论学习
	学生作为被动学习者	学生作为参与者，反复试验和信息反馈
内容比较	学习内容是预先设定的，学习是有组织的、有计划的（如时间、地点、条件等）	主要通过引导发现具体问题，根据学生在实践中发现的问题来决定学习内容
	在具体目标达成以及授予评价等级的压力下学习	在非正式、宽松的环境中学习
	学习今后要解决的问题	在目标达成中学习（如对时间限制等）
	不允许模仿、重复	允许模仿
	不允许犯错	允许犯错

（3）组织模式①。德国高校建立了以自主管理为主，社会各界给予充分配合的创业教育组织管理体系。目前，德国大学创业教育有三种组织模式：校本整合模式、校园独立模式以及校本双元模式。其中，校本整合模式是指在大学里既开设一些纯理论的学科，如商业计划、网络、金融等，又提供创业的实践经验。大学全面负责各项事务，组织学术教学，提供实践培训、辅导、咨询等。管理者由大学工作人员和大学委员会承担。

校园独立模式是一种分散的创业教育网络。该模式的理念是加强学校内外机构的联系，集合它们的专业素养和资源形成有效联盟。该模式的管理是独立的，主要由一个咨询委员会负责，并非由大学或私人机构主导。创业教育网络的各方

---

① 杨茂庆、袁琳：《基于德国经验的中国大学创业教育思考》，《职业技术教育》2011第10期，第84-88页。

通过签约，明确各自的责任与义务，以能力为基础实现专业化的优化。

校本双元模式重视大学学术与创业实践。但是德国大学把所有与创业实践相关的活动进行外包，包括供给与服务，以便与大学子公司分开，减轻大学管理压力。该模式对学术和实践的支持是以能力为基础划分的，学术内容由大学教师负责，而具有实践取向的知识教学和创业技能则由大学子公司的专业人员承担。大学子公司为大学生提供一些实习机会，大学子公司的管理相对独立，大学仅选派一些行政官员，在大学子公司成立一个咨询委员会，对其进行有限的管理与指导。该模式在美国一些大学比较受欢迎，在德国大学却很少采用。

2. 典型案例分析——慕尼黑工业大学

慕尼黑工业大学（Technical University Munich，TUM）是德国政府于2006年评选出的首批3所"卓越大学"（Elite University）之一，是全球知名和德国顶尖的研究型大学，并于1995年就明确地提出了创建"创业型大学"的目标[①]，堪称德国高校创业教育的代表。作为全球顶尖的理工综合性大学，TUM旨在培养与现代工业社会相适应的创业和创新人才，鼓励学生像企业家一样思考和行动，并致力于将研究者们的发明转变为可持续利润。20多年来，TUM依据自身学科特点，不断加强和完善创业支持机构、创业研究、创业网络、创业文化等要素，逐步构建了具有自身特色的创业教育体系，帮助师生成立了近40家公司，有效地促进了科技成果的转移转化以及区域经济的发展[②]。

（1）课程设置。慕尼黑工业大学的创业教育思路鲜明，其核心目标是通过独特的、集成的教导，让学生识别这个时代所面临的挑战与机遇，并开发可持续发展的企业解决方案和商业模式，激励下一代的企业家。为了要实现创业教育预期目标，满足不同类别学生的多样性需求，TUM的创业教育涵盖建立一个企业的各个阶段，确保其教学内容和方法以实践为导向，以需求为基础。为了让学生充分参与创业课程体验，TUM将创业教育课程STARTUM设置为Sense、Touch、Assess、Recognize、Take – off、Understand More6个模块，每个模块对应创业的不同阶段，力图为学员提供系统的创业培训，帮助他们了解整个创业过程所需的知识，掌握全面的创业技能，具体课程如表2 – 14所示。

---

① 吴伟、邹晓东、陈汉聪：《德国创业型大学人才培养模式探析：以慕尼黑工业大学为例》，《高教探索》2011年第1期，第69 – 73页。
② 何郁冰、周子琰：《慕尼黑工业大学创业教育生态系统建设及启示》，《科学学与科学技术管理》2015年第10期，第41 – 49页。

表2-14 TUM的各个创业阶段课程

模块	阶段	问题思考	代表性课程和项目
Sense	认识	对我来说，比成为雇员更好的职业是什么	创业学、创业准则、组织心理学、创新型企业家
Touch	接触	我愿意过创业者的生活吗？我能联系到真正的企业家吗	创业准则、创新型企业家、商业计划研讨会（基础班）、创业培训春季班和夏季班
Assess	评估	我想成为创业者吗？如何发现自己具备企业家精神	创业准则、技术融资和商业化、创新和营销的可持续性、沟通和领导力、领导力的激励、营销创业实验室、商业计划研讨会（基础班、高级班）、创业培训春季班和夏季班、技术创业实验室
Recognize	鉴别	要成为一个创业者，我必须要做什么	创业融资、创业者的债务金融、企业家精神和法律、技术融资和商业化、高级战略和组织、创新和营销的可持续性、沟通和领导力、领导力的激励、战略和组织（导论班、高级班）、营销和战略及领导力、商业计划研讨会（高级班）
Take - off	创办	我如何创立自己的企业	"创业"及"创业管理"研讨班、创业融资、创业者的债务金融
Understand More	未来经营	我如何通过开展前沿研究去理解和推进更多的创业理论	技术融资与商业化、创新和营销的可持续性、组织心理学、沟通和领导力、领导力的激励、战略和组织（导论班、研讨会）、营销和战略及领导力

TUM创业教育课程主要关注四个方面：其一，对所有形式的大学生创业活动进行指导和监测，构建一个涵盖校内所有学院和学科的跨学科课程体系；其二，由于TUM的学生有25%来自国外，所以课堂使用德语与英语进行教学；其三，在课程计划调整上，加强与产业界的合作交流，使人才培养更有针对性，并在课程中融入与企业相关的、重要的其他非技术知识，如社会竞争力等；其四，将最新科技成果、最近信息资料引入课程，提高信息在各专业教学中的地位。

除了开发有特色的创业教育课程外，TUM还鼓励科学家、研究者以及知名企业家校友与学生交流，这些成功的创业者能为学生提供每一阶段的创业知识和经验咨询服务，帮助学生制作商业计划书，促使学生通过创造新想法和新开发的技术去创业。在 TUM 创新和创业中心，学生可以得到全面综合的创业建议，而崭露头角的企业家也能得到理论和实践方面的训练。

（2）创业活动。慕尼黑地区的行业、政府、科研机构等构成 TUM 的外部创业合作网络，该网络中有各种类型的合作伙伴，他们均具有强烈的企业家精神，扮演着 TUM 创业者导师的角色，对鼓励 TUM 师生参与创业形成了强大的驱动力。因此，TUM 依托丰富的外部资源及网络，开展了各种类型的创业活动，加速了创意的产生及转化，在提供创业资金的同时还构建了更重要的社会关系网络，为创业者提供各类服务。学校的创业活动种类较多，例如由 Unternehmer TUM 以及 Zeidler 研究基金会共同举办的 Idea Award 比赛，目的在鼓励创业者开创具有创新和竞争力的新企业，该比赛对 TUM 的在校师生和毕业生开放。这些商业大赛极大地激励了学生创业，并为他们开办公司提供强有力的支持。

此外，创新与创业中心在科学家阶段有一项"初创之夜"（Start - up Night）的活动，主要邀请创业成功的 TUM 校友分享初始创业经历及心得。而在企业家阶段，则开展"企业家之夜"（Entrepreneurs' Night），这个活动每年举办 4 次，学生可以与其他具有创业想法的人交流，扩展人脉资源，同时企业家可以邀请他们看中的创业者解释商业想法，志趣相投的人则可能在活动结束后成立小组，实践他们的创业梦想。

（3）支持性机构组织①。TUM 的一些项目和中心机构为初创企业的成立和发展提供了全方位的支持，推进一个新的创意快速转变为商业机会。各机构及其角色如表 2 - 15 所示。

表 2 - 15　TUM 的创业支持机构

组织名称	角色作用
创新与创业中心（Unternehmer TUM）	综合机构
创业研究所（Enrtepreneurship Research Institute）	研究教学机构
社会创业学会（Social Entrepreneruship Akademie）	综合机构
技术创业实验室（Technology Entrepreneurship Lab）	技术机构
创业和金融研究所（Center For Entrepreneurial And Financial Studies）	研究机构

---

① 何郁冰、周子琰：《慕尼黑工业大学创业教育生态系统建设及启示》，《科学学与科学技术管理》2015 年第 10 期，第 41 - 49 页。

组织名称	角色作用
研究和创新办公室（Office for Research and Innovation）	技术研究机构
行业联络办公室（Industry Liaison Office）	综合机构
慕尼黑大学创业基金（Unternehmer TUM Fund）	资金资助

1）综合机构。综合机构在 TUM 的创业教育体系中处于核心位置，主要包括创业与创新中心、社会创业协会、行业联络办公室等。这些机构不仅提供了与创业相关的教学课程，还为学生创业提供咨询服务、构建创业者网络以及联系合作伙伴等方面的支持。

创新与创业中心（Unternehmer TUM）成立于 2002 年，目前已发展为欧洲最大的校级创新与商业创造服务中心，员工达 70 多名，每年开设超过 1000 次的创业相关讲座、研讨班和项目分析会，并推出 50 多个创业项目和新创企业，创造性地把天赋、技术、资本和顾客紧密联系起来，并开发出一套系统的程序来鉴别、发展和执行创业机会。创新与创业中心由 4 个组织构成，如表 2 - 16 所示。

表 2 - 16　创新与创业中心的组织构成

组织名称	作用
gGmbH	通过提供亲身实践的创业训练、孵化技术创业团队、产品原型所需的基础设备或条件等，激励和授权学生、研究者及专家的创业活动
Project GmbH	通过"创业企业加速器项目"并联合新成立的企业来识别、开发及实现创业合作项目，以成功产生新企业
Funds Management GmbH	设立风险投资为处于新兴技术领域的创业者提供进入国际市场的机会
Maket Space GmbH	一个会员制的开放型组织，包括高技术研讨会和模拟工作室

另外，在 TUM 重点关注的清洁技术、医疗工程、信息和通讯科技等领域，创新与创业中心按照企业的成长历程（创意实现→成果转化→创办企业→职场新动力→公司咨询）为学生提供全套一体化的创业服务，并针对创业的不同时期为不同的机构组织和活动提供各种服务。

社会创业学会（SEA）由 TUM、慕尼黑大学、慕尼黑联防国防军大学、慕尼黑应用技术大学等于 2010 年共同创立，关注的领域包括教育和集成、社会和参与、医疗保健和社会挑战、环境和可持续以及内部创业和创新，致力于"为社会变革而教学"，主要任务是进行资格培训和推动创业，初创咨询以及提供网络、合作伙伴和团体。此外，由欧盟发起的交换生项目（Erasmus for Young Entrepreneurs），将欧洲杰出的企业家联系起来，参与者之间可以交换知识，同时还有机会将自己的企业打入新的欧洲市场。

行业联络办公室（ILO）是 TUM 联结研究和商业的服务中心。TUM 重视在促进基础研究的同时加强科学知识的应用研究，形成了一个互补的研究链，并通过与商业伙伴的合作使知识和技术转移到社会。每年，TUM 与科学界和企业界的合作伙伴签署 1000 多项合作研究与开发协议，诞生了不少技术型新企业。如从 TUM 分离出来的 AMSilk 公司，已经生产出世界上第一个完全由重组蜘蛛丝蛋白组成的人造丝纤维。

2）研究机构。TUM 的创业研究机构包括创业研究所、创业和金融研究所，它们为学校的创业教育提供理论支持。

创业研究所（ERI）是欧洲领先的创业研究机构之一，分为教学和研究两部分，拥有一个由 20 多名不同背景和资质的科学家组成的跨学科团队，主要研究创业者及新创企业的成长规律，涉及创业认知、创业决策、创业心理、新企业绩效及其影响因素等多个领域。研究内容主要包括两个方面：其一，从经济学和心理学的角度探索开拓商业的途径及机制，提高学生对创业者和创业组织的认知；其二，从商业科学的角度去理解新兴组织及其成功的影响因素。学校在制订创业课程的教学计划时，要求各学科专业必须配置跨学科的相关课程，促进不同学科间的交叉和融合，培养学生的跨学科分析能力。创业研究所的研究结果直接运用于创业教育的课程中，学生可以听到丰富多彩的演讲（如创意开发等），参加各类研讨会（如创业管理、高级创业论坛等）。同时，创业研究所与商业伙伴合作提供创业相关的项目管理分析，学生的毕业论文设计也可以从这里的研究项目中获取素材。

创业和金融研究所（CEFS）由 TUM 与德国复兴银行首席教授安·克里斯汀·阿赫莱特纳、财务与资本市场系首席教授克里斯托夫合作创办，开展了大量关于初创融资的外部资助项目研究，包括中小企业期权融资、新创企业私募股权、欧洲风险投资市场、家族创业的资本市场融资、社会创业的绩效管理、德国创业指数（German Entrepreneurial Index）等。

3）技术机构。为 TUM 创业教育提供技术支持的机构主要包括技术创业实验室以及研究和创新办公室，它们与研究机构一起形成了 TUM 创业教育生态系统的两翼。

技术创业实验室（TEL）帮助创业者评估技术，讨论其用途及客户群体，探讨实现想法的最佳商业模式及相关的专利战略，它还有一个"机会评估计划"，旨在帮助创业者厘清和执行创业步骤，如发展趋势分析、市场机会和环境分析、下一步行动计划等。

研究和创新办公室（ORI）除了具有与行业联络办公室类似的功能之外，还支持 TUM 所有有意申请专利的师生，给他们提供关于知识产权的全面建议，评估他们的发明及其专利保护的可能性和工业实用性，帮助他们提出专利申请，明确发明者的专利权。在 TUM 的规划中，ORI 将成为与各种形式的合作研究和商业企业的主要接触点和中央协调办公室，从而保证 TUM 在与外部商业伙伴的合同谈判中以学校的战略发展目标为导向。ORI 还通过参加欧洲与国际基金计划、德国国家基金计划，及时将创意和发明创造转向商业用途。

（三）德国高校创业教育特色

德国教育学界普遍认为高校创业教育是培养大学生从事创业实践活动所必须具备的能力、精神、意识与心理品质的素质教育[①]。创业教育已成为德国大学课程体系中的重要组成部分，并形成了鲜明的特征。

1. 完善的创业政策环境

为了推动创业教育和大学生创业实践，德国政府构建了良好的创业教育环境，主要包括经济环境、政治环境和社会文化环境。

在经济环境方面，德国政府实行优惠的投融资政策，如允许创业投资公司注册经营，取消政策交易公开报价的规定，将创业投资机构纳入公司的征税条例适用范围；推出一系列优惠的税收政策，如免征创业投资公司的商税，免征新一轮创业投资股权转让收益税，为新创立企业提供 10～20 年期限的创业援助贷款、减免新创立企业的部分所得税等。另外，还为大学生创业提供资金上的支持，从 1998 年起，德国政府对新成立的公司可直接提供最高为 5000 欧元的财政补贴，

---

① 陈雁、符崖、陈晔、田婧：《国外高校创业教育模式与中国高校创业教育的思考》，《创新与创业教育》2015 年第 6 卷第 1 期，第 134－136 页。

而对于刚毕业创业的大学生，提供最高 7500 欧元的免费培训课程①。

在政治环境方面，德国政府构筑起比较完善的政策保障体系。首先，德国政府设有联邦卡特尔局和国家托拉斯局，禁止大企业的合并和中小企业的兼并，检查监督大企业是否利用自己的优势地位，采取压价或提价等不正当手段打击限制中小企业。其次，1974 年以后，德国各州根据自主立法权相继制定了《中小企业促进法》、《中小企业增加就业法》等，规范了中小企业产业竞争的新秩序，为大学生创业营造良好的发展环境。

在创业文化氛围方面，政府做多方面的尝试和努力，包括开展创业培训、创业咨询、创业指导和帮助等，对创业教育和学生创业素质的提升起到了整体引导、塑造和培养的作用。例如，2007 年德国经济部联手 200 所大学和 50 家著名公司推行"生存优势杯"竞赛，由在校大学生独立设计创业思路，高校和相关企业给予全力支持，有效提高在校学生的创业能力。这种对创业文化氛围进行营造的做法极大地激起了大学生的创业热情，对大学生将创业理想付诸实践有很大的促进作用。

2. 健全的创业教育体系②

德国一直以来把青年就业项目的实施以及就业前的培训作为一种社会义务，从中小学到大学，再到企业，各个层面均有人在传授创业知识，已经形成相对完善的创业教育体系。德国政府要求大学开设与创业培训有关的课程，并提出"高校要成为创业者的熔炉"的理念，其创业教育的目标是每年有 20% ~ 30% 的毕业生拥有自主创业能力，并尝试创业③。同时，政府和金融研究机构联合为学校提供"创业机会"，让学生很早就开始尝试开办公司，接触和熟悉企业管理及经营知识。同时，德国经济研究所发起"青年企业家"项目，指导学生创建微型公司，并将这些公司同正规公司一样置于市场环境中运营，优胜劣汰，从而提高学生的竞争力。

此外，大量的非政府组织和社会团体加入高校创业教育体系，并逐步形成了纵横交错的青年就业创业社会化服务体系。大多数德国社团都举办各种针对青年

---

① 王森：《德国政府支持大学创业——EXIST 计划概要》，《全球科技经济瞭望》2002 年第 3 期，第 30 页。

② 韩道友：《借鉴德国经验完善应用型本科院校创业教育》，《合肥学院学报》2011 年第 2 期，第 62 – 64 页。

③ 班晓娜：《发达国家大学生创业教育的发展及对我的启示》，《CEPE 中国电力教育》2010 年第 34 期，第 4 – 6 页。

的创业指导活动，如提供免费的咨询、建立创业信息网站等，为创业者把握方向提供帮助，通过对大学生的培训和吸纳，能够帮助大学生实现创业计划①。

3. 全面的创业课程体系

虽然德国各高校的创业课程不尽相同，但均涵盖了不同创业领域所需的各种知识和技能，如创业意识、创业知识、创业能力、创业实践操作、企业精神等，以慕尼黑技术大学的创业教育课程为例，设计的课程中如企业财政、风险投资、商业发展计划等便是面向全校的通选课，而生物技术与医药产业的筹资与评估、创新企业家等课程则主要为创业者服务。在课程开设上，德国高校联合德国政府与金融机构共同设计，主要包括企业家精神训练、企业创业管理、创业法律法规、商业计划书、财务管理、市场调研、新产品开发、市场营销战略等课程，涵盖了企业创立、融资和管理等多方面内容；在课程实施上，高校以经典教学为主，以创业学习为辅，前者以问题为驱动的教学路径，后者以对策为驱动的研究路径，全面提升学生的创业实践能力。以利默里克大学的创业课程模式为例，学校有机融合多种教学方式，成功向学生传授创业知识、技能和素质，有效培养大学生的创业精神和创业能力。因此，可以看出德国高校已经形成了比较完善且独具特色的创业教育课程体系。

4. 高效的创业实践教学

创业是一项实践性很强的活动，单靠理论课程根本无法达到预期效果。德国大学的创业教育并不要求学生掌握精深的理论知识，而是对学生解决问题的实践工作能力和实际动手能力要求非常高。德国高校非常重视实践教学，其中，项目教学、实验教学、技术实习以及毕业设计等占据德国创业教育的大部分时间。德国高校采取创业教育实践教学的方式主要有三种：其一，举办不同层次的创业比赛。为了促进大学生创业，德国政府和高校举办了不同层次的创业计划比赛，以慕尼黑创业计划大赛为例，该赛事由慕尼黑劳动力与经济发展部、慕尼黑部分高校、当地商业机构、公共储备银行等共同组织筹备，在开展这一赛事的 12 年里，成功走出了 530 多家企业，创造了 4200 多个新工作岗位②。其二，充分利用创业教育研究中心开展实践教育。德国高校的创业教学，普遍采用教师协助指导下学

---

① 牛金成、陆静：《发达国家的创业教育及其启示——基于美、英、德、澳大利亚四国的比较》，《黑龙江高教研究》2013 年第 1 期，第 46 - 49 页。

② 陈文、赖炳根、关福远：《德国高校创业教育特点及启示》，《学校党建与思想教育》2012 年第 28 期，第 93 - 94 页。

生自主实践的方式展开。如慕尼黑大学的商业设计课程的教学，要求学生根据慕尼黑企业发展理念设计出相应的企业发展规划，并由专家为企业提供咨询和培训，付诸企业实践。其三，积极创建大学生创业教育实践平台。高校大力与当地的政府、企业等机构建立合作关系，整合资源，搭建创业教育实践平台，同时充分利用互联网技术，将高校与政府、企业、创业中心等机构联系起来，建立大学生与社会各界的创业交流与咨询的平台，为大学生创业及新创企业提供有力支持。

另外，德国高校重视科技创新型创业，培养学生对新技术的掌握和对新产品开发的创新能力，鼓励学生通过技术或产品创新实现成功创业。同时，德国大学成立专门的技术转让办公室，负责大学科研成果的管理，通过与科技园、孵化器的交流与合作，为学生提供更好的科研环境和更多的创业机会。

5. 专兼协同的师资队伍

高校教师是创业教育的实施主体，创业教育师资队伍结构将直接影响创业教育的实施程度和效果。德国高校在进行创业教育课程建设的同时，十分重视创业教育师资队伍建设。德国许多大学都有自己的创业教育研究机构和研究人员，不仅对创业教育展开研究，而且还负责学校创业教育工作。此外，德国高校还聘请创业成功、具有丰富创业经验和企业管理经验的企业主或经济学教师担任兼职创业教师。如慕尼黑应用技术大学，每年都有大量的成功企业家和经理人以客座教授的身份分享他们经营管理企业的经验。这些创业经验和企业管理经验丰富的兼职创业教师往往比"学院派"的教师更能把握住创业的内涵和本质。

德国这种专兼相结合的师资队伍结构在大学得到全面的推广，不仅有效弥补了高校教师实践经验不足的缺陷，也丰富了创业教育的内容，并取得了较好的教学效果。与此同时，德国高校还鼓励教授从事创业实践、企业管理等活动获取创业教育指导经验，如盖尔森基兴应用技术大学就支持教授或创业教师专门运用一个学期的时间到公司实践，一方面为了检验和实践企业管理知识和技术，另一方面也可以增强师资队伍的创业实力。

五、中国台湾地区创业教育分析

1991 年，中国台湾中山大学开设"地方特色产业创业管理"、"微型创业"，标志着中国台湾地区创业教育开始起步。经过 20 多年的探索与实践，中国台湾地区创新创业教育已形成以高校为主导，以政府和社会为辅助支撑，突出文化创意人才培养，实现高校、创业政策、教育理念和社会环境等重要因素互生共养的模式，推动台湾高校成为激发创意、创新与创业精神的主要源头。

（一）中国台湾地区创业教育发展概述

目前，中国台湾地区已成为全球闻名的创新创业之岛。根据 2012 年全球创业观察（Global Entrepreneurship Monitor，GEM）调查结果，中国台湾创业意图与创业精神蓬勃，创业意图比例为 25%，在参与全球创业观察的 69 个国家和地区中居于第 1 位。特别是中国台湾地区的文化创意产业享誉世界，2013 年产值突破万亿元新台币，并创造 4.3 万个就业岗位，成为解决公众就业的重要途径。

1. 高校创业教育发展情况

由于产业结构、就业结构及创业意愿增强等多重因素推动，中国台湾地区开始注重创业教育，并以高等院校作为创业教育发展改革的突破口。20 世纪 90 年代，中国台湾地区进行新一轮产业结构调整升级，人才培养模式也要进行相应调整，在此背景下创业教育得到了迅速发展。目前，中国台湾地区创业教育体系逐渐完善，高校创业教育也已形成了以创业课程、创业竞赛、创业社团、企业参访为主的格局。

（1）创业课程。面对全球竞争环境和区域经济的分工整合，中国台湾率先改革技职教育体系，把培养创新精神的首要目标确定为落实创业活动。政大科管所在 1998 年开始办理"科技创业管理学程"，随后中山大学、台湾大学、元智大学也相继开设了跨领域创业课程，培育创业人才；位于花莲的东华大学也自 2003 年起开办相关课程，创业学习风潮自此在校园内开展起来。

创业教育课程的开设及普及主要为了培养学生创业的基本素养和创新的敏感度以及创业的开拓精神和冒险精神，同时掌握创办企业的经营管理能力。目前，中国台湾各高校共开设有 112 种创业课程，根据课程目标与课程内容大体可以将课程分为四类：一是基本能力类，包括人格特质、精神、创业管理等；二是专业能力类，包括机会判断、创业投资、财务等；三是综合能力类，包括专题与个案研讨与实务等；四是特定议题类，包括食、育、乐、非营利性、文化和网络等。虽然中国台湾各高校开设创业课程名称不完全一致，但大多与专业相结合。如资讯管理专业开设"网络创意与创业"课程，旨在让创意服务具体可行并商业化、网络化，理论与实务相结合，成就创业成果。企业管理专业开设"创业规划与实务"，介绍学生创业的流程，探讨企业创立的相关议题。各校对于创业教育的课程规划，可以看出每所学校创业教育的发展方式略有不同。

（2）创业竞赛。创业竞赛的开展是创业教育的另一项重要内容。中国台湾地区许多学校鼓励学生积极参与社会资源举办的创业竞赛来提高学生参与创业教育的热情。中国台湾地区最早引进创业竞赛的是1998年由研华教育基金会举办的第一届"TIC100科技创业竞赛"。经过20多年的发展，中国台湾地区高校创业计划大赛的专业性和影响力逐渐增大。总体来看，中国台湾地区的创业计划竞赛大致可分为三大类：一是政府组织、非政府组织所举办的比赛，二是高校举办的比赛，三是企业公司举办的比赛（见表2－17），这些比赛提供大量创业基金或奖金，吸引了大批学生参与其中，促进了校园内技术的商品化和具有极高商业价值的创意的具体化。

表2－17　中国台湾地区创业竞赛类型

创业竞赛类型	竞赛列举
政府组织、非政府组织所举办的比赛	如台湾工业银行的"WeWin创业大赛"、经济部的"国家新创事业奖"、青辅会的"青少年创业计划竞赛"等
大学举办的比赛	如逢甲大学的"商圈创业竞赛"
企业公司举办的比赛	如高雄捷运公司于2004年举办的"捷运启动创意生活创业个案竞赛"

（3）创业社团。开设创业教育的中国台湾地区高校都积极扶持创业性质的社团（见表2－18），通过创办创业社团的过程使学生积累经验，帮助学生提升在课堂教学中无法获得的企业管理能力，如领导力、团队合作能力等。而企业负责人也达成一定共识，相信社团经验的积累有助于提升学生的能力，也因此更倾向于录用具有社团经验的学生。

表2－18　中国台湾地区高校创业社团列举

序号	学校名称	创业社团名称	序号	学校名称	创业社团名称
01	逢甲大学	创业社	06	中兴大学	创业社
02	明新科技大学	创业社	07	义守大学	TIC100科技创新社
03	政治大学	创新创业社	08	辅英科技大学	创业研习社
04	台湾"清华大学"	创业经营研习社	09	台湾大学	趋势研究社
05	嘉义大学	创业研习社	10	兴国管理学院	野心家创业社

此外，中国台湾地区高校还通过成立产学合作中心、创新育成中心、技术转化中心等来承担课程导师咨询、专家演讲、企业考察、营造校园创业氛围等职能。如逢甲大学首设创业教育发展中心，目的是推广相关创业课程，培训学生参加各种创业竞赛，组成创业教育研究教师群，成立学生创业社团，以逢甲商圈为核心建立与商家互动机制等。

（4）企业参访。企业参访大都由授课教师规划在其课程内，至于参访企业的规则可依授课教师的授课目标而有所不同。中山大学、政治大学、台湾海洋大学、辅仁大学、逢甲大学等校皆有带领学生到企业参访的活动。此外，政治大学、辅仁大学还举办海外企业的参访活动，希望借此拓展学生的视野，更加了解企业的实际运作。

2. 高校创业教育推动机制

中国台湾地区高校创新创业教育的蓬勃发展，离不开学校、社会等外动力的支持。这些外动力与高校创新创业教育产生的内动力实现互生共养，协同驱动，共同构建了以高校为主导，以官方和社会为辅助支撑的高校创新创业教育环境。

（1）政府加强引导。为了迎接创意经济和产业竞争的挑战，台湾当局高度重视高校创新创业教育，特别是文化创意产业的创新创业人才培养。中国台湾以大学为对象的创新创业政策相当多元，如2009年，中国"台湾教育主管部门"推出"U-START大专毕业生创业服务计划"；2012年，又推出"大学校院创新创业扎根计划"；2014年12月，中国台湾"行政主管部门"成立创新创业政策会报，以期整合各部门创新创业推动方案，发挥综合效应，提升方案或计划的成效，并拟打造台湾成为亚太硅谷，更好地构建台湾创新创业生态系统。

此外，台湾当局鼓励支援创新创业教育的主要措施还有成立创新育成中心和提供创新创业资金。自1996年始，中国台湾地区"经济部"中小企业处依法补助推动中小企业创新育成中心，后者成为台湾高校推动创新创业教育的主要平台。截至2013年，台湾创新育成中心已成长至132家，其中有98家设置在高校，接收大量大学生团队。

当前台湾当局施政的愿景与政策方案，其中许多内容皆与创新创业及文化创意人才培养有关，为高校创新创业教育提供了不竭动力和服务保障。

（2）院校高度支持。任何组织或政策若要实施与持续推动，均需获得高层管理者的支持，才能获得较多的资源，进而推进整体性、持续性改革。中国台湾地区各高校开设创业课程均得到了学校高层管理者的支持，其中，中山大学、逢甲大学等台湾高校还将创业教育当作学校特色之一。并且,各高校教师也认同学校应开设创业课程,使得管理层与一线教师能互相配合,有效运用资源并持之以恒地开展,进而真正落实创业教育各项工作的推动。

同时,中国台湾地区大多高校均积极推动成立独立的组织以推动创业教育的开展,如创业教育中心、创业学院、创业育成中心等,也有部分院校发展设立跨系所学院的创业组织机构,如台湾大学跨学院"科技创业与管理学程"组织。此外,中国台湾地区高校从系、院和校三级构建创就业教育辅导体系,着重培养学生的人文素养和专业知识,从而提升其就业能力,为就业或创业做好准备。

(3)社会组织推动。中国台湾地区有不少民间团体和协会,如中华创造思考协会、中华创意发展协会等,专门以研究和推动创新创业为主旨。而与文化创意产业相关的学会、协会或基金会更是不胜枚举。这些民间团体或与政府合作,或与高校合作,以竞赛方式培育青年创业能力,如研华文教基金会举办的TiC100、台湾工业银行举办的WeWin创业大赛及时代基金会举办的"国际青年领袖计划"等;文化创意产业相关社会团体经常组织文化创意产业研讨会、讲座及相关展演活动与公益性文化创意活动。良好的创新创业文化既是创新创业教育成功的潜在软动力,更是创新创业教育长远发展的持久动力。

(二) 中国台湾地区高校创业教育模式

中国台湾地区高校创业教育实现了创新创业人才培养、创新研发、创业育成以及成立企业等多元诉求和多个环节的融会贯通,构建了创新创业教育特色环境。目前来说,中国台湾地区高校创业教育主要有创业学程模式和育成中心模式,以下将重点分析。

1. 创业学程模式

(1)模式简介。创业学程是指一系列的有关创业课程的整体规划与整合,是中国台湾地区创业教育中最具特色的教学组织方式。1998年,政治大学科技管理研究所开始办理"科技创业管理学程",随后中山大学、台湾大学、元智大学也相继开设了跨领域创业学程,培育创业人才[①]。目前,中国台湾地区高校已开设有10余个创业教育学程,其中,中山大学是最早开设创业教育课程的高校;台湾大学的创意创业学程是"台大少数未演先轰动的学程之一";逢甲大学则是

---

① 陈爱珠:《政府创业教育政策与青年创业能力关系之研究》,政治大学硕士学位论文,2009年。

第一个成立创业教育发展中心、举办竞赛及开设创业教育学程三者并进的学校。

中国台湾地区高等教育的普及率高，各高校根据本校专业优势和本地区资源优势，开设的创业学程特色鲜明，形成了完善的培育体系，并逐渐发展出一套有台湾特色且行之有效的创业教育学程模式。

（2）典型院校分析。台湾大学创意创业学程成立于1928年，至今已有85年办学历史，是中国台湾地区规模最大、最具影响力的综合性大学。2002年，台湾大学的工学院、管理学院和电机信息学院共同开设了"科技创业与管理学程"，开课对象为三个学院大学部的高年级学生、硕博士班学生以及其他学院的硕博士班学生。不过，该学程已于2005年停止招生。

2008年，在学校教务处的推动下，台湾大学开设"创意创业学程"（以下简称"创创学程"），并设有学程推动委员与学程咨询委员负责课程协调推动以及产校合作，日程管理设有学程办公室。创创学程面向所有在校学生开放，大一的新生或硕博士班的研究生均可申请选修，审查依据主要是对创意创业的兴趣以及开创新局面的特质。该学程在规划之初，就以多元学习整合实践为基本精神，期待与各科系所的专业知识结合，以创意心法为火种，以价值创造为目标。

1）完善的学程规划。创创学程以多元学习整合实践的基本精神，协调各科系的专业知识，在内容上包括了创意、营销、设计、管理、财政等课程，突出实务导向和与真实世界互动，强调团队合作的群组实践，并与"国际青年创业领袖计划"成为合作伙伴，让学生放眼世界，成为具有创意点子、能够实现规划并执行的人才。

创创学程课程内容广泛，涵盖创造力知识技能、艺术设计、美学、管理、智财、经营、营销等，主要可分为知识、技能和态度三个方面。知识学习方面，选修课和必修课程中创意和创业课程各占一半，以创业为核心；技能培养方面，学程安排每周师生聚会、专题研讨会、创意小组，还有每学期的创意实践，提供多种让学生锻炼的机会；态度培养方面，为了学生能够实现学业和人格均衡发展，学程通过邀请创业成功人士分享创业经验、组织学长学姐经验分享等一系列活动，使学生调整自我意识和态度，培养善于倾听、接纳不同、敢于冒险、谦虚、乐于合作等创业者的品质。同时，在课程安排方面，学程特意将核心课程全部安排在周一，创造机会让学生有更多时间在一起互相交流。

此外，学程学生修习年限不限，实行完全的学分制，修满学程规定学分且成绩及格的学生，就可申请核发学程学分证明。

2）多样的创新课程。创创学程为学分学程，旨在为经过专业知识训练后的学生提供相关创业课程的修习以及创意实践的平台，提升其创意及创新能力，并引导其参与社会的实际行动，令学生得以充满热情地发挥创造潜能，进而实践创意创业的理想与目标。学程不仅为学生提供学习专业的创意创业知识和大量动手实践的机会，而且通过跨界的方式为学生提供建立创业人脉关系的机会。

创创学程是全校提供课程最多的学程。完成学程需要修 21 学分，包括 12 学分的必修课（由创创学程提供）和 9 学分的选修课（其他院系开设的，得到学程认可的课程）。其中，必修课程包括核心课程、创意创业专题讨论和创业实践三方面；选修课程包括艺术与创作、服务与设计、资讯科技与创新、生医创新与商业化、策略创新与成长、艺术设计与行销、使用者经验设计、基础视觉设计、创意思考设计和 YEF 国际青年创业专案等。通过选修课让学生接触不同学科领域的知识，打破专业思维的局限，扩展学生思考的范围。创创学程学生第一年要完成 10 学分的必修核心课程，修完理论课程才可以选修《创业实践课程》，修课两年后学程发放学员修课证书。

3）灵活的教学方式。在课程安排上，学程上学期的课程比较侧重理论，让学生广泛接触各种创意创业相关的知识；下学期课程的实践比例较大。基于学校的丰富资源，学程经常邀请各界成功人士来到课堂分享经验或者分享不同领域的信息。

在课程教授过程中，老师会要求学生提出创新创业提案，或者团队合作进行创业实践。在这些过程中，老师会提供指导，也会有业界老师的辅导，让学生可以咨询。例如"创创专题讨论课"通过小组的社群式学习，探讨各领域创意及创业案例，并邀请成功人士与学生对话；针对学生创意作品及创业想法做个案讨论，以及给予指导。另外，创创中心也会提供各种创新创意的竞赛信息，鼓励学生参加，获取创业经验。

此外，创创学程还强调创意心法的培训，开设一系列启发式的心法课程，为同学们开启天马行空、疯狂点子的闸门，释放出无穷无尽的创意能量。创意心法主要传授的是一些经过专家系统化研究出来的思考流程，并借助课程上趣味性高的学习模式，启发大家解决各类问题，提供更为宽广的视野及思维。

4）良好的创意环境。学校的环境因素在教育中扮演着重要角色。因而，营造有助于激发和培养创造力的环境是高校进行创造力教育的普遍做法，创创学程也不例外。

举办创意活动。为营造鼓励创意的氛围，让学生有机会体验创意创新，能够理论结合实际，学程安排各种创意创新相关的活动，如创创达人营、全球创新的原理与实践、期末成果展、创意竞赛、创意创业论坛等。学程还举办创意创业论坛，邀请成功人士分享经验，组织创创教学工作坊、培训营等。

提供创意空间。创意创业学程虽然没有很大的办公区域，但是仍注重提供创意活动的空间。学程设计了两间可伸展、多功能的教室，供学生开会和活动使用。讨论室设有圆桌和黑板，活动室铺有木地板，有沙发、抱枕等，为学生提供一个轻松的环境。

5) 多元的师资队伍。台湾大学作为中国台湾地区高校的首府，其教师本身能力优异，而在创意创业学程任教的教师，很多又是各个院系的领导干部，包括院长、主任、教授等。如此强大的教师队伍一定程度保障了学程的教学质量。同时，学程还邀请业界成功人士和教育工作者担任学程咨询委员，邀请在各行各业有所成就的校友客座创创学程的课堂。

2. 育成中心模式

（1）模式简介。1996 年，中国台湾地区经济部门为落实培养中小企业的目标，鼓励设立创新育成中心。其后，中国台湾地区高校纷纷设立创新育成中心，为创业团队提供量身定做的服务。台湾各高校创新育成中心大都以本校优势和特色学科为基础，以当地的科技政策和市场需求为导向，推动本校科技研究成果的对接，促进科研成果市场化，推进企业产品技术升级。创新育成中心育成重点集中在高科技事业、文化创意、观光休闲等领域。

创新育成中心运作采取"（企业）申请—（中心）审批—（培育）入驻—毕业—毕业后服务"的形式，培育经费主要来自主管方对新项目、新技术的开发资助和技术转让。创新育成中心对其技术以入股的形式或一次性转让等形式融入毕业的企业资本体系。

（2）典型院校分析——台湾龙华科技大学三创中心。为顺应知识经济时代要求，以创意带动经济成长，以创新能力提高技术研发与软性创意的附加值，台湾龙华科技大学很早就开始了创新创业人才培养的探索。2009 年 8 月，台湾龙华科技大学创新创意创业发展中心（以下简称"三创中心"）正式成立，旨在将本校创意与发明成果商品化或产业化，鼓励师生将创新、创意研发成果转化为专利等知识产权，进而开展技术转移和自主创业，借此强化校内师生的创新能力，提升创新产出。

三创中心的功能可以归纳为创意实践、创新转化和创业辅导。具体职能如图 2-4 所示。

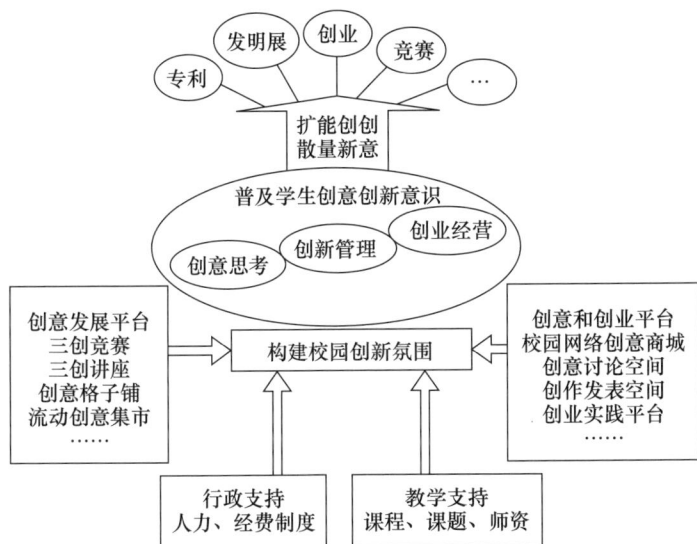

图 2-4　龙华科技大学三创中心的职能

三创中心的功能定位遵循了循序渐进、由浅及深的发展规律，满足了大学生思维训练、创新体验和创业实战的需求。创意实践属于普及教育层次，强化学生创意过程体验，重在学生内化提升，鼓励学生大胆探索和积极思考，涌现新想法和新点子，通过创意实践普遍树立学生的创新意识；创新转化则是将在创意实践阶段产生的有价值的创意和点子具体化和可视化，将创新想法和创意通过有形的设计和产品表现出来，以产生创新创意产品为本阶段的目标；创业辅导则依托创新转化阶段产生的新产品或新服务开展创业实战，学校通过场地、资金、人力、政策等各要素支撑，促进具有价值的新产品市场化，产生经济效益。

1）开设创意创新课程。为满足学生项目体验、创业模拟和创业实战等不同层次的创新创业需求，龙华科技大学三创中心遵循创业教育循序渐进、由浅及深的发展规律，构建了层次分明的课程体系，具体包括：①面向大二学生开设"创意思考"课程，且作为必修课程，学习内容为创意思考技法心智图及创意性发明方法 TRIZ。②面向大三学生开设创新管理课程，要求学生组建创新团队，承担实务专题，在教师的指导下开展创新课题研究，以产品设计或创意报告完成课程任务。值得注意的是，在此课程学习中，要求学生组建团队，不允许学生个人单打独斗，让学生明白创新创业一定是一个团队互相协作的过程。③面向大四学生开展创业经营课程，鼓励学生在大三实务专题制作成果的基础上，基于自己的产品开展创业经营。

2）鼓励教师指导创业。项目成功的运行离不开教师的指导。为鼓励教师主动承担学生创业指导服务工作，龙华科技大学在教师评鉴及激励方面大胆创新。龙华科技大学将教师升等（职称晋升）划分为四种类型：一是学术升等，以 SCI 发文量为主要指标；二是教学升等，以教学质量评估为指标；三是实务升等，以产学合作案及资金作为主要指标；四是学生辅导升等，以辅导学生竞赛、创新创业等为主要指标。教师可以选择自己的升等路径，这让在指导和服务学生方面有特长的教师找到了有效的方式，调动了教师的指导积极性。

3）支持优秀创业项目。龙华科技大学三创中心为鼓励学生开展创业实践，开辟专门的创业场地，不过由于场地较小，进驻门槛较高，如入驻项目必须有自己的产品，且一定是技术研发产品，简单的贸易类企业，实践基地一般不考虑引入。同时，申请入驻的项目必须通过"获利能力、就业机会、税收、扩充性"四个指标的全面考核，只有优秀的大学生创新创业项目才能入驻专门的创业园区。一旦通过评审，学院将对其提供多维度的扶持，涵盖项目论证、资金配套、财务管理、法律咨询、专利代理、课程活动、模拟实战等，如入驻项目可以直接申请 300 万新台币的创业圆梦基金，指导教师可帮助其申请政府扶持资金、参加创业类竞赛。

4）成立专门服务机构。专门管理和服务机构的成立有利于资源的整合和大学生创新创业教育工作的推进。为提高大学生创新创业管理和服务能力，龙华科技大学整合院系和行政资源，成立创新创意创业发展中心，全面负责大学生创新创业工作。机构的工作内容包括：开展创意与创新教育，提供创意创新资源，提供创业实践基地及配套辅导，协助开展专利申请及相关咨询，协助研发成果的技术转移、商品化，组织参加或开展各项创新创意竞赛及学术活动，协助专利技术与企业对接合作，承办创意创新产品研发或展览活动等。

（三）中国台湾地区高校创业教育特色

自创业教育兴起以来，中国台湾地区依托高等院校致力于开展创业教育，并形成了鲜明的台湾特色。梳理中国台湾地区高校创新创业教育的实践经验与特色，可总结为以下几个方面：

1. 准确的创业教育目标定位

中国台湾地区很早就将创业教育纳入了国民教育体系，内容涵盖从初中、高中到大学本科的正规教育，且在教育中系统开展了创业相关学程，设置了创业相关科目与训练。依托本校专业优势和本地区资源优势，中国台湾地区各高校推出的创业教育都凸显本校特色和发展宗旨，具有明确的创业教育目标定位[①]。如台南应用科技大学 U21 文化创意创业管理学分学程，主要致力于建立跨领域学习及教学平台，培养学生具有跨领域多元化的创意及创业能力，参加国内外创业竞赛；台湾辅仁大学创意创新创业学程定位于文化创意产业之创业，以文化创意的主题发展学程为努力方向，针对辅仁大学特色，把"文化创意"产业作为种子进行培育；台湾铭传大学针对中国台湾地区硕士生开设"创业与就业"学程，从强化学生就业及创业能力着手，提供学生营运企业的关键知识，并提供完整的业界职前体验。

2. 完善的创业教育课程体系

中国台湾地区高等院校创业教育开展可分为创业相关学程、创业相关科目课程和创业训练。其中，中国台湾地区高校推行的创业学程注重整合效应，涵盖了整个创业过程的各环节内容，把与创业相关的准备、过程、实践等环节整合为一个完整体系的学程，注重使用理论教学、案例分析、市场调研、创业竞赛等多种教学手段，使各类课程能够相得益彰，形成一套理想而完善的学习流程。如台湾铭传大学"创业与就业学程"涵盖创业管理、职业生涯、数字创意、企业资源规划等部分，并提供完整的业界职前体验教学；台湾辅仁大学的"创新创业学程"共有 20 学分，其中包括创新与创业管理、文化创意产业专题、创意的发想与实践，创新创业竞赛实习等 14 学分的必修课程，以及凸显辅仁大学"文化创意"特色的创意生活产业、数码休闲娱乐、设计品牌时尚产业三大模块的 6 学分选修课程。

强调团队合作的群组实践是台湾创业课程的另一大亮点。创业教育中部分课程内容采用小组的形式进行传授，让学生能够深度参与其中，互助互补。同组同

---

① 侯东喜：《台湾地区高等院校创业教育相关学程发展述评》，《河北大学学报》（哲学社科版）2010 年第 1 期。

学之间也有了更多团队合作的机会，甚至从中产生日后创业团队的雏形。如台湾大学创意创业学程，每两周安排一次创意沙龙，齐聚所有修习该学程的学生，通过小组的社群式学习，融合各系各专业的学生，产生以创业社群为核心的发散性人际互动；台东大学创意研发学程在新时代网络创新与创业课程中要求学生组成5~6人的团队，由教师辅导学生团队开发各种网络创新增值企划。这样强调团队合作的群组实践，一方面使学生团队的创造与活动规划能力得到大幅提升，另一方面也会开发出具有前瞻性及创新性的想法，作为相关课程未来发展的参考。

3. 整合的创业教育教学方法

中国台湾地区高校创业教育教学广泛结合各种资源和各种实务课程规划，采取灵活多样化和整合化教学方法，包括个案研讨、报告讲座、模拟竞赛、创业竞赛、实习体验、市场调查、企业参访等。为了使学生建立创业意识并强化创业技能，中国台湾地区高校采取了"做中学"理念指导下的学习与实践项目整合的教学方法，具体表现在：在课程中借助模拟竞赛，强调在模拟创业环境中培养创业所需各项技能；聘请业界创业成功者到课堂中演讲或授课，激发学生创业精神，提升学生创业热忱；开展创新大赛、创业竞赛，使学生参与实际项目训练过程，挖掘学生创业潜能，并融汇前期习得的创业基本知识、技能与态度；安排专家名师传授心法、个案讨论、市场调查、企业参访等活动。

4. 重视师资队伍选拔和培训

师资力量不仅是创新创业教育成功的必要条件，更是最具活力的一环。对于创业教育来说，要注重加强实践型师资队伍建设，既要提高高校从事创业教育教师的实践水平和技能，也要从外部引进实践型的创业教育专家。中国台湾地区高校学程采取全校性整合或跨校联盟方式，师资队伍来自不同的领域，具有多元化特征，包括本校不同院系著名教授、产业界资深专家、海外学者、相关政府官员等。同时，中国台湾地区高校还非常重视创业教育师资的选拔和培训。

为了让学生有机会接触不同领域的人士和知识，扩大视野和提升对事物的包容度，中国台湾地区高校聘请企业家、专业技术人才和能工巧匠等担任兼职教师，以改变创业教育中理论知识学习为主的教学模式，为学生全面理解创业理论和实践提供更多渠道。中国台湾地区高校还注重吸收社会上一些既有创业经验又有学术背景的人士从事兼职教学和研究，从外部聘请有经验的行业专家、成功人士进入创业教育课堂教学的师资队伍，整体设计教学内容，有针对性地为学生讲解创业实践中的问题。

为了提高高校内部创业教育教师的素质，中国台湾地区高校非常重视创业教育师资的培训。首先，大力开展创新创业师资培训，组织创业教师学习创业教育的教学方法和知识技能，获取创业教育、教学的新材料和新信息，如台湾师范大学成立跨院系的"创意教师培训学程"；其次，鼓励和选派教师从事创业实践，组织高校创业教师挂职，让其体验创业过程，提倡创业教育采取案例示范教学，培养既有理论基础又有实践经验的创业教育指导教师。

5. 注重学生的实践能力培养

为了缩短产业人力需求与校园培育人才之差距，协助学生顺利从学校转型到职场，以及配合创业教育开展，中国台湾地区高校成立了创业育成中心，中心是学生创业实践训练的主要场所。高校将企业引入育成中心，由企业提供实习与就业机会。例如，逢甲大学将台湾保护伞公司引入该校创新育成中心，该公司提供学生创业实习机会，同时修习创业学程表现优异的同学还可获得进入保护伞公司实习的机会，其职场竞争力进一步提升。逢甲大学还设立了创意实验室，实验室不仅给学生提供创业所需的各种专业知识、资源与协助，还是学生创意或发明转变成商业产品的平台[①]。育成中心不仅接受学生创业实践，也接受老师的见习或计划合作。

此外，为了使学生在体验中累积创业经验，中国台湾地区高校积极建立创业教育实践环境，在学程修习过程中努力为学生在校内创设创业情境，让学生亲身体验，缩短学校所学理论与商业所用实务之间的差异，使学生步入社会后能够顺利创业。以逢甲大学为例，该校共建立四大创业教育实践基地：学生创业体验、创意实习商店、校外资源整合和学生社团与志工。

---

① 《逢甲大学创业教育发展研究中心创业学程》，http：//www. ceed. fcu. edu. tw，2009 年 3 月 6 日。

第三部分　我国创业教育发展分析及建议

创新与创业是 21 世纪的时代命题。创业教育不仅是创业技能的教育，更是创业思维与创业思想的教育。它能够带动青年就业和创业，从而带动经济发展。因此，创业教育不仅是世界各国教育改革发展的趋势，也日渐成为我国的国策。建设创新型国家，推动大众创业、万众创新，都需要大量创新型人才作为支撑。但是，我国创业教育起步较晚，发展较为缓慢，相比发达国家和地区的创业教育，尚有一段差距。因此，本部分在回顾总结我国创业教育发展情况和分析典型院校的创业教育模式的同时，全面总结了国外发达国家创业教育发展经验，并为我国创业教育发展提出些许建议。

一、我国创业教育发展概况

我国创业教育起步较晚，仅有 20 多年来的发展历史，虽然在政策举措、教育教学实践、课程体系建设、师资队伍提升、课外实践活动等诸多方面取得了一定的成果，但是与发达国家或地区相比，我国创业教育目前尚处于初级阶段，还有较大的差距。

（一）我国创业教育的发展历程

我国创业教育最早起始于 20 世纪 80 年代，纵观其发展历程，大致可以分为萌芽起步、高校自主探索、政府引导下的多元探索和全面发展四个阶段。

1. 萌芽起步阶段

我国创业教育的萌芽与起步始于 1989 年北京召开的"面向 21 世纪教育国际研讨会"。会上提出了"Enterprise Education"概念，后被翻译为"创业教育"，这是创业教育的概念首次被提出。但之后几年，创业教育发展相对缓慢，有关创业教育的理论和实践探索较少。

进入 20 世纪 90 年代，随着市场经济的快速发展，具有新科技知识资源和创新热情的大学生群体渴求实现创业梦想。1998 年，我国高校取消毕业生工作分配制度后，不少学生希望依靠自主创业解决就业问题。在这样的社会背景下，国家于 1999 年 1 月正式提出了加强对教师和学生的创业教育，鼓励学生自主创业。从此，我国创业教育开始进入发展阶段。

2. 高校自主探索阶段

1998 年，清华大学举办的"挑战杯"创业大赛拉开了我国创业教育自主探索阶段的序幕。清华大学是我国最早开设创业教育课程的高校，学校在经济管理学院开设了 MBA "创新与创业管理方向"课程，同时还针对全校本科生开设了"高新技术企业管理"等创业课程。随后，国内高校陆续开始了创业教育课程的探索与实践。2000 年 12 月，清华大学中国创业研究中心成立，后来成为"全球创业观察"项目中国大陆地区合作伙伴。同年，西北工业大学为全校本科生开设了"创业学"选修课，而且编写了省内创业教育统编教材，浙江工贸职业技术学院面向全院学生开设了院级必修课"就业与创业"。2001 年，北京航空航天大学为本科生开设了公共选修课"科技创业"，其科技园区和校产管理部门为学生创业积极提供信息、资金、注册等方面的支持。此外，华东师范大学、复旦大学、武汉大学等许多高校都开始对创业教育课程进行有益的自主探索。

3. 政府引导下的多元探索阶段

2002 年初，教育部高教司在 9 所高校试点创业教育，标志着我国创业教育由自主探索阶段进入政府引导下的多元探索阶段。这 9 所高校分别是清华大学、北京航空航天大学、中国人民大学、上海交通大学、南京经济学院、武汉大学、西安交通大学、西北工业大学、黑龙江大学。目前，大部分试点高校已经设立了创业教育中心、创业学院等机构，开设了系列创业教育相关选修和必修课程，并组织编写了相关教材，开展了丰富的第二课堂创业实践活动。

从 2003 年开始，教育部委托北京航空航天大学举办了 5 期创业教育骨干教师培训班，为全国高校培养了大学生创业教育骨干教师 600 多人，有力地推动我国高校创业教育课程的发展。同年，劳动和社会保障部与国际劳工组织合作，引进与推广了 SYB（Start Your Business）项目。

2005 年，中华全国青年联合会把 KAB（Know About Business）项目引入中国，正式启动了中国大学生 KAB 创业教育项目，并于 2006 年在中国青年政治学院、清华大学等 6 所院校进行项目试点，并以国际劳工组织开发的教材为蓝本进行适合中国国情的改编，出版了教材——《大学生 KAB 创业基础》。KAB 课程已成为我国许多高校的创业教育主要课程或典型课程。2008 年教育部批准了 30 个创新创业教育人才培养模式实验区的建设。这些高校也积极开展创业教育课程的探索与实践，并且许多高校已经形成了独具特色的创业教育课程体系。

4. 全面发展阶段

2010 年，教育部下发《关于大力推进高等学校创新创业教育和大学生自主创业工作的意见》，标志着我国高等学校创业教育进入了新的全面发展阶段。2012 年，教育部提出在"十二五"期间实施国家级大学生创新创业训练计划，旨在促进高等学校转变教育思想观念，增强高校学生的创新能力和在创新基础上的创业能力。

中共十八大明确提出："要贯彻政府促进就业和鼓励创业的方针，鼓励多渠道多形式就业，促进创业带动就业，加强职业技能培训，提升劳动者就业创业能力。"在 2014 年 9 月的夏季达沃斯论坛上，国务院总理李克强公开发出"大众创业、万众创新"的号召。在 2015 年《政府工作报告》中，李克强总理指出，"推动大众创业、万众创新，这既可以扩大就业、增加居民收入，又有利于促进社会纵向流动和公平正义"；并强调"让人们在创造财富的过程中，更好地实现精神追求和自身价值"。2015 年 6 月，印发《国务院关于大力推进大众创业万众创新若干政策措施的意见》，为创新创业"无死角护航"。

在此背景下，越来越多的高校开始重视创业教育，创业教育课程不断开设，内容愈加丰富，教学方法逐渐灵活多样，创业教育呈现出蓬勃发展的景象。

（二）我国创业教育的发展现状

经过 20 多年的发展，我国高校创业教育建设取得了一些成效，有效提升了大学生的创业意识和创业能力。具体来看，我国创业教育呈现以下特征：

1. 发展创业教育迫在眉睫

当今时代，自主创新能力是国家竞争力的核心，提高自主创新能力，建设创新型国家是国家发展战略核心，是提高综合国力的关键。中共十七大提出，国家发展战略的核心是"提高自主创新能力，建设创新型国家"。国家综合实力的竞争，归根到底是人才实力的竞争，人才实力的核心是人的创新能力。建设创新型国家，需要大量具备创新意识和创新能力的人才。但长期以来，我国传统的高等教育培养出来的学生缺乏创新意识和能力，缺乏冒险精神和风险意识，普遍习惯于被动就业；高校作为培养创新型人才的基地，势必要积极探索开展创业教育，为社会培养创新型人才，引领创新型国家的建设。

另外，随着经济转型，迈入新常态，下岗失业人员不断增加，农村剩余劳动力向城市转移，每年大量大学毕业生的初次就业，使得我国劳动力供大于求的矛盾日益尖锐。尤其是大学生就业，2015 年高校毕业生 749 万人，为历史最高，就业压力巨大。解决就业问题不是一个简单的安置现有劳动人口的过程。对于我国来说，通过创业教育培养创业型人才，扩张创业的就业倍增效应，为社会提供更多的就业岗位，是解决就业问题的根本出路。

2015 年李克强总理在《政府工作报告》中指出要把"大众创业、万众创新"打造成推动中国经济继续前行的"双引擎"之一。全国掀起"大众创业、万众创新"的浪潮，尤其是大学生创业热情高涨，创业比例持续上升。智联招聘发布的《2015 年应届毕业生就业力调研报告》显示，2015 年大学生选择创业的人数翻倍，6.3% 的受访大学生选择创业，而这一比例 2014 年为 3.2%。但整体来看，目前大学生创业缺乏专业知识，缺少经验，准备不足，学校教育尚不能满足创业的需求，亟须接受系统性的创业教育。因此，全国各大高校开展创业教育已势在必行。

2. 顶层政策框架初步构建

2010 年 5 月，为响应国家"提高自主创新能力，建设创新型国家"和"促进以创业带动就业"的发展战略，教育部印发了《关于大力推进高等学校创新创业教育和大学生自主创业工作的意见》，在这个意见中，教育部首次提出在高等学校开展创新创业教育，积极鼓励高校学生自主创业。同时提出 6 条要求：①大力推动高校创新创业教育；②加强创新创业教育课程体系建设；③加强创新创业师资队伍建设；④广泛开展创新创业实践活动；⑤建立质量检测跟踪体系；⑥加强理论研究和经验交流。

2012 年，教育部下发《关于做好"本科教学工程"国家级大学生创新创业训练计划实施工作的通知》，明确创新训练项目、创业训练项目和创业实践项目作为国家级大学生创新创业实践计划。同年，教育部办公厅印发《普通本科学校创业教育教学基本要求（试行）》，对普通本科院校的创业教育做出明确规定，并编写《创业基础》教学大纲，对高校的创业教育课程做出了比较完整的指导。

2015 年 5 月，国务院办公厅印发《关于深化高等学校创新创业教育改革的实施意见》，全面部署深化高校创新创业教育改革工作；同年 12 月，教育部提出，从 2016 年起所有高校都要设置创新创业教育课程，对全体学生开发开设创新创业教育必修课和选修课，纳入学分管理。

这些政策的出台标志着国内建立常态化、专业化、学科化的创业教育体系的政策环境已经成熟，创业的概念已经深入人心，同时也标志着我国顶层政策框架已基本建立。

3. 地方政策体系支持加大

为积极响应国家号召，各地方政府早已开始出台各类政策支持大学生创业（见表 3 - 1）。上海市早在 2007 年就出台了《科技型中小企业技术创新基金初创期小企业大学生创业项目（试点）工作指引》，并在 2010 年出台《上海市大学生科技创业基金管理办法（试行）》为创业教育中极为重要的创业实践提供后续的资金支持，这对整个上海地区的创业教育平台的发展极为重要。2012 年，上海市出台《上海市鼓励创业带动就业三年行动计划（2012~2014 年）》，明确表明要积极鼓励培育大学生创业群体，同年出台的《关于做好 2012 年上海高校毕业生就业工作的通知》中也指出，引导有创业意向的高校毕业生参加创业培训和创业实训，提升创业能力，为创业教育提供了某些方面的政策支持。

宁波市政府更是在 2011 年出台的《关于进一步推进大学生自主创业的通知》中明确了加强创业平台建设，发挥创新带动作用，加强创业教育和培训，提升创业能力，表明该地区对创业教育的重视程度，以及对创业教育与就业的关系、创业教育与创业的关系的理解程度已经非常深。

其他创业比较活跃的地区也都出台了涉及创业教育的政策，如南京市《关于加快完善就业创业服务体系的实施意见》、《关于印发〈杭州市杰出创业人才培育计划〉的通知》等政策中，都明确了涉及创业教育方面的创业培训、创业实践、创业技能、创业孵化方面的实施细则。如表 3 - 1 所示。

表 3-1　部分省市创业政策

出台方	年份	文件名称
南京市	2012	《关于加快完善就业创业服务体系的实施意见》
天津市	2013	《关于印发〈天津市"高校科技创新工程"实施意见〉的通知》
天津市	2013	《关于进一步加强服务大学生自主创业工作的实施意见》
杭州市	2013	《关于印发〈杭州市杰出创业人才培育计划〉的通知》
南京市	2014	《关于为南京市大学生创业开辟注册、纳税、融资绿色服务通道的通知》
重庆市	2015	《重庆市人民政府办公厅关于深化高等学校创新创业教育改革的通知》
浙江省	2015	《浙江省人民政府关于支持大众创业促进就业的意见》
湖北省	2015	《关于实施湖北省大学生创业引领计划的通知》
黑龙江省	2015	《关于促进大学生创新创业的若干意见》
河南省	2015	《关于贯彻落实大学生创业引领计划的实施意见》
江西省	2015	《关于大力推进大众创业万众创新若干政府措施的实施意见》
台州市	2015	《台州市大学生就业创业指导站认定管理办法》

4. 教育模式尚处于探索期

目前，我国高校在创业教育领域仍处于探索期，尚无统一的教育理念或者模式，很多高校尚在寻找最优的创业教育模式。

在培养理念方面，我国高校主要形成了三种培养理念：①以培养素质为主，采用"增加课程教学"和"组织实践活动"相结合的方式，由学生根据自身兴趣决定选修与否，或者定期举办创业教育的培训班和创业活动。②以培养创业技能为主，充分将创业教育商业化，淡化在理论上的课程教学，注重在实践中学习。同时建立大学生创业园或者与当地的创业园、科技园合作，以在创业园中所见所闻为基础，从实训方面教授学生创业知识，并且提供资金和咨询服务。③以培养综合技能为主，成立创业学院，不再通过其他学院或者单独设立课程的方式进行，而是采取了"无形学院、有形运作"的崭新理念。首先以"三个基点"（素质教育、终身教育和创新教育）、"三个代表（专才向通才转变、教学向教育转变、传授向学习转变）"为指导思想，确立创新人才培养体系的基本框架和内容。

5. 创业课程体系逐步完善

国内不少高校已经开始编写教材，开设创业教育课程，开展以学生整体能力素质提高为重点的创业教育。如 1998 年清华大学率先为 MBA 开设"创新与创业管理方向"，包括创业管理、创业投资、新产品开发、项目管理、企业家精神与创新、技术创新管理、知识产权管理、技术创新与制度创新 8 门课程①。其他高校也开设了丰富多样的创业教育课程，主要有《创业学》、《大学生创业基础》、《创新与创业管理》、《创业管理》、《技术创新管理》、《企业战略管理》、《创业风险管理》、《创业融资与投资管理》等。这些课程的教材主要由高校自己编写，如《创业学》教材是由清华大学、中国人民大学等几所高校编写。有些高校在MBA 课程教学中将创业教育中的管理课程列为重点必修。也有很多高校引入《大学生 KAB 创业基础》，该课程以国际劳工组织编写的英文教材为蓝本，主要参考国际劳工组织为培养大中学生的创业意识和创业能力而专门开发的课程内容。

6. 创业实践活动日益丰富

清华大学是我国最早开展创业活动的高等学府。1983 年，清华大学举办了首届清华大学"挑战杯"学生课外学术科技作品竞赛暨展览交流会。创业实践活动不仅能培养学生的创业意识，也能提高学生创业技能，因此也成为越来越多高校开展创业教育的手段之一。有的学校甚至设置专门机构进行市场化运作，如建立大学创业园，为学生提供资金资助及咨询服务。活动形式也越来多样化，比如各种创业计划大赛、创新创业大赛、创业周活动等。如上海交通大学科创中心组织的"i‐Seminar"系列活动，包括"i‐Seminar 论坛"、"i‐Seminar 直播室"等研讨交流活动；浙江大学组织的"蒲公英"大学生创业计划竞赛等。丰富多彩的创业实践活动营造了良好的校园和社会氛围，也提升了学生的创业意识和创业能力，是高校创业教育重要的支撑部分。

（三）我国创业教育存在的问题

尽管我国创业教育建设取得了一些成效，但从总体看，尤其是与部分发达国家或地区相比，我国创业教育目前尚处于初级阶段，仍存在许多问题。

1. 创业教育目标的功利性较强

不可否认的是，无论在整个社会，还是在高校、教师、学生各个层面，我国对创业教育仍有一种功利性的价值倾向，把它视为缓解当前就业压力的权宜之

---

① 柴旭东：《中国、美国和印度三国大学创业教育比较》，《高校教育管理》2009 年第 1 期，第 85 - 92 页。

计。我国早期开展的创业教育更是被当成"企业家速成教育"，将学生创业技能培养作为主要目的，把学生创业成立的公司数作为衡量创业教育成效的主要指标。高校对创业教育的内涵、外延的理解和对创业教育课程建设重要性的认识依然不够深入，这主要是由于受到我国高校长期以来的"就业教育"理念影响，缺少知识经济时代对人才需求变化的积极应对。

"创业教育之父"蒂蒙斯教授曾明确指出功利性创业教育的弊端。他认为，如果没有将创业意识和创业精神融入学生的思想和个人品质中，单纯教授创业知识不能增强学生创造和把握创业机遇的能力，更谈不上拥有创业能力。这种功利性创业教育会导致两种结果：一是创业者数量较少，据2002年《全球创业观察》的评估结果，我国每年大学生毕业后选择创业的人数不到1%，2007年这个比例已提高至4%，虽然大学生创业人数所占的比例有所上升，但与发达国家相比仍非常低；二是大学生创业大多属生存性创业，创立的企业寿命短、层次低，有关调查显示我国大学生创业成功率仅为2%～3%。

2. 创业教育课程体系尚不健全

我国许多高校已经开始把创业教育目标纳入教育教学目标、创业教育课程纳入学校的正规教学计划中的尝试与探索。一些高校较早地进行了创业教育课程探索，开设了多门创业必修课、选修课和相关讲座。但是，总体而言，我国创业教育课程体系还相当不健全。

首先，创业教育课程结构零散、不完整。许多高校开设的创业教育课程相对孤立、零散，未形成完整的课程群，创业课程与其他课程之间的逻辑性以及创业课程内部的逻辑性还有待进一步完善。还有一些高校以第二课堂形式开展创业教育，如参观考察、创业计划大赛、企业家论坛或创办创业园和项目孵化器等，虽然创业教育实践活动是创业教育不可或缺的重要方面，在激发学生创业意识、培养学生创业实践能力和增强校园创业文化氛围等方面有着不可替代的作用，但创业教育第二课堂的实践活动，覆盖面窄，无法完整地构建起创业所需的知识结构，且创业实践活动投入成本高，受学校资金、场地、设备等资源的局限，区域及校际差异较大。目前，我国高校开展的创业教育主要针对本科生，一部分高校开始关注和举办研究生层次的创业教育。相比百森商学院范围广泛、层次全面的创业教育，我国在这方面还存在着差距。

其次，创业教育课程内容不完善，缺乏科学性。我国创业教育课程的内容体系建设初具水平和规模，但是各高校尚无统一、科学的创业教育系列教材，创业教育课程内容因学校、教师等因素有很大的差异。我国高校目前的课程内容绝大部分是从经济学角度建构的，但是创业教育是一个多方面的复杂过程，传统的商业教育只是创业教育的一部分，完善的创业教育课程还应该包括社会学、管理学、心理学、法学等一系列相关内容。另外，我国高校创业教育课程的主要内容以本校现有学科和师资等优势资源来设计，从而突出某一方面的内容，而相对弱化其他内容，这就人为地割裂了创业教育课程体系的内在联系，导致创业教育课程体系的完整性、系统性和科学性的缺失。

再次，创业教育组织实施模式落后，缺乏灵活性。目前在我国的创业课程组织实施中，大部分高校积极探索创业教育的不是教学部门，而主要是学生就业管理部门和团委学生会等组织；进行创业教育实践的主力军不是专职教师，而主要是学生思想政治教育工作者和就业指导人员。创业教育课程大多"自成一派"，从课程组织、课时安排、课程管理和评价等多方面仍然受高校传统职能划分的限制，缺乏灵活性。高校创业教育课程的组织实施需要整合校内教学资源，这种单纯依靠团委、就业指导机构的模式已经无法适应创业教育的发展需求，在教学管理、师资调配、经费筹集等方面的弊端日益显现。

最后，规范的创业教育课程评价体系尚未形成。各校开展创业教育模式特色不同，以及创业教育本身所具有的多学科性、显效的长期性、效果难以衡量等特征，给创业教育课程评价体系的构建带来了困难。目前，我国高校往往根据自身的学科优势、地域特点和学生的特征等因素设计创业教育课程，因此课程评价也往往容易成为校内评估而缺乏统一性和规范性，评价指标的设置缺乏系统的理论支撑，评价方式的可操作性不强，导致创业课程的有效性难以体现。另外，合理公正的外部评价也是创业教育持续健康发展的关键，我国在相应外部评价体系建设方面还处在空白阶段。总体而言，我国还没有形成比较规范的创业教育课程评价体系。

3. 创业教育师资队伍建设滞后

高校创业教育师资力量薄弱是制约我国创业教育发展的一大障碍。直到2003年教育部才开展常规性、专业化的创业教育师资培训活动，主要包括 KAB（Know About Business）、SYB（Start Your Business）、SIYB（Start & Improve Your Business）等培训项目，目前已有数千名 KAB 培训教师和上万名 SIYB 培训教师，但与实际需求仍然有很大的差距，师资构成较为单一，多为理论教师，缺少具有丰富创业实践经验的外部师资。

　　从目前我国高校的整体情况来看，从事创业教育的教师大多是负责就业工作的行政人员、辅导员或在经济、管理学院担任其他课程教学任务的教师。很多教师没有接受过系统的、专门的创业教育培训，自身也没有创业的亲身经历，同时兼顾学生工作或其他课程，投入创业教育中的精力有限。还有很多高校聘请的有实战经历的企业家或职业经理人等，又由于缺乏组织协调、制度保障和资金保障，加之部分外聘教师课堂教学经验欠缺，导致教学不系统且感性成分较大，在一定程度上对教学效果也有不利的影响。

　　4. 校园创新创业文化氛围缺乏

　　学校的校园文化涵盖了特定的精神环境和文化氛围，校园文化如果与创业教育结合起来，就会形成一种浓厚的创业氛围，影响一代又一代的学生，最终形成一种创业的精神，代代流传，生生不息。目前很多高校都具有有形基础设施等"硬实力"条件，但在创业需要的"软环境"，如整体校园文化等方面，我国与创业活跃地区还存在一定差距。

　　创新是创业的先导，创新的环境和氛围是创业的滋养源。很多高职院校还存在着"重教有余、重学不足，灌输有余、启发不足，复制有余、创新不足的教育方式及应试教育、狭窄的专业教育等，把学生捆在课本上、围着教师转"的现象，学生得不到自由发挥、自我发展的环境。同时我国长期以来不太重视素质教育，主要是应试教育，这在一定程度上束缚了学生的思想发展，学生中规中矩，缺乏创新思想，限制了学生创业能力。

　　5. 学生创业的支撑体系不完善

　　创业本身是一个系统而复杂的工程。在学校内部，创业教育需要得到教学、学生工作、就业、团委各部门的协调合作，而很多学校在这方面是相互脱离的，教学部门只管创业课程，学生工作部门只管创业大赛，两者之间没有联动机制，这种缺乏系统性的创业教育很难取得好的效果。虽然国家出台了鼓励大学生自主创业的优惠政策，但是在政府出台政策的同时，很多的地方政府、企业、学校、社会并没有形成一个主动的联动机制，进而导致可操作性不强。相比较具有雄厚教学、科研能力的本科院校，高职院校在经济、技术、社会资源等方面先天不足，加之政府政策倾斜不够，高职院校自身根本没有实力为学生提供良好的创业环境和创业启动资金、开辟校内创业园、搭建创业平台等，使得高职学生创业层面和领域狭小，学生创业能力、创业前景普遍低于本科院校学生。由此可见，除了创业者自身条件的限制之外，没有形成一个多方互动以及开放的外部环境，从很大程度上制约了创业及创业教育的发展。

二、我国典型院校的创业教育模式分析

目前我国的教育体制主要包括学前教育、初等教育、中等教育、高等教育、继续教育，其中，高等教育包括高等职业教育。尽管我国创业教育开始于高校，不过在现阶段"大众创业、万众创新"的时代背景下，职业院校也开始探索创业教育，创业教育亦是其重要的组成部分。本部分主要分析我国创业教育的模式，选取了三种类型高校（研究型大学、地方高校、高职高专）的创业教育来具体分析。

（一）研究型大学创业教育——浙江大学[①]

研究型大学具有较强的研发实力和能力，是以培养高级创新人才为主要任务、以科研为中心的高等学府，一般以学院制为基本管理模式。它们以知识的传播、生产、应用为中心，以高水平的科研成果和培养高层次精英人才为目标，在社会发展、经济建设和科教兴国战略中起着重要的作用。学者席升阳曾提出，研究型大学培养的创业人才属于精英型，创业教育具有前沿性和前瞻性。

浙江大学对创业教育的探索始于 1999 年创立的浙江大学高新科技产业创新与创业管理强化班（2000 年并入新成立的竺可桢荣誉学院），学校启动未来企业家培育工程，开创了国内在本科生中系统化教授创业知识的先河。同年，浙江大学学生创业协会、研究生创新创业中心等与创业相关的学生组织相继成立。2000年，浙江大学科技园正式成立，为浙大学生自主创业提供实践平台。2006 年，浙江大学管理学院创建教育部专业人才培养教学改革项目——多通道、阶梯式、复合型高层次管理学精英人才培养模式探索与实践，在三个不同层次（本科生、MBA、硕士）组建"创业管理精英班"，开始创业人才培养模式探索和实践。同

---

① 胡昊：《我国研究型大学创业教育模式研究——以浙江大学为例》，浙江大学硕士学位论文，2011年。

年，管理学院成立全球创业研究中心，旨在聚焦创新创业、培育创新人才。2008年，校党委学生工作部等单位引入国际劳工组织开发的创业培训项目"创办你的企业"（SYB）、起源于德国的创业培训项目"模拟公司"，作为独立的引入课程免费提供给全校全日制学生中对创新创业感兴趣的学生学习。2009年，管理学院与百森商学院、里昂商学院合作建立全球创业管理培训的硕士学位项目，引入国际顶级的教学资源与经验；2010年，联合国教科文组织在浙江大学设立创业教育教席。迄今为止，经过十多年的发展，浙江大学已初步构建一个全方位的创业教育体系。

1. 教学体系

浙江大学创业教育教学体系分为博士研究生、硕士研究生、本科三个层次七个小类，并包含学校相关部门引入的面向全日制学生自由报名、不计算学分的独立课程等（见表3-2）。

表3-2　浙江大学创业教育教学体系层次

课程分布层次	主要载体	所在学院	主要成绩
本科层次	主修专业：创业管理	管理学院	创业管理精英班入选教育部精英人才培养计划
	第二学位：创业管理	管理学院	
	辅修专业：创新与创业管理	竺可桢学院	全国十佳先进班集体、省级教学成果二等奖
	全校公共选修课	全校范围	首批KAB创业教育基地
硕士研究生层次	MBA（创业管理）	管理学院	全国首家获得国务院学位办授权的创业管理硕士点办学单位
	科学硕士（创业管理）	管理学院	
博士研究生层次	创业管理博士	管理学院	全亚洲第一个创业管理博士点
独立引进课程	"创办你的企业"项目、"模拟公司"项目	全校范围	

在课程设置方面，浙江大学创业教育课程体系整体分为创业知识类、创业能力类和实务操作类（见表3-3）三类，但具体不同层次的创业教育其课程稍有不同。

表 3 - 3　浙江大学创业教育课程分类

课程类型	学习内容
创业知识类	管理学、经济学、会计学、财务管理、创业管理、市场营销、组织行为学、人力资源管理、创业融资与投资管理、创业风险管理、国际商务、企业法与知识产权管理、企业战略管理
创业能力类	管理沟通、新产品开发、项目管理、创业领导
实务操作类	商业计划书、创业竞赛、企业实习

在教学方法上，学校借鉴国际先进经验，引入课堂讨论、商业计划书撰写、客座教授讲授、案例研究、企业家演讲、企业实习、企业家导师等多种形式，综合传授与培养学生的创业意识、创业知识、创业技能与创业精神。

（1）本科层次。本科层次的创业教育有四种情况：①创业管理为主修专业；②创业管理为第二学位与辅修；③创新与创业管理为辅修专业；④创业课程为公共选修课。四种不同教育形式下的教学模式与课程如下分析。

1）创业管理为主修专业。本科层次创业管理为主修的创业教育是指管理学院从 2006 年开始组建的创业管理精英班，每年从全校优秀的本科二年级学生中招收 30～40 名学生，其培养方式如图 3－1 所示。

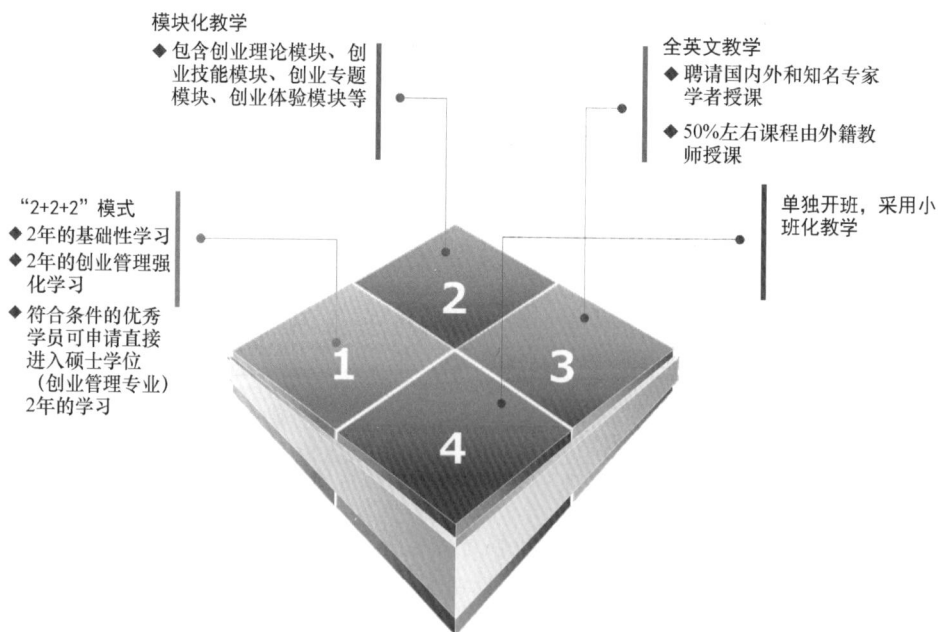

图 3－1　本科层次创业管理（主修专业）培养方式

2）创业管理为第二学位与辅修。开设主修专业班级的同时，管理学院还开设创业管理双学位班，每年招收大约 150 名学生。双学位班要求学生学习管理学、经济学、社会学等多学科的基本知识，培养学生分析和解决企业管理问题、从事创新与创业的基本能力。双学位班的基础课和必修课实行单独开课，授课时间为晚上和双休日。双学位班的修读学分为 59 学分，辅修班修读学分为 29 学分（修读计划中带"＊"的课程学分），具体如表 3－4 所示。

表 3－4 浙江大学创业管理二学位修读计划

类别	课程名称	学分	修读学期
必修课（46 学分）	管理学＊	3	第二学年秋冬学期
	微观经济学（甲）＊	3	第二学年秋学期
	宏观经济学（甲）	3	第二学年冬学期
	会计学＊	3	第二学年秋冬学期
	财务管理＊	3	第二学年春夏学期
	企业战略管理＊	3	第二学年春夏学期
	创业管理＊	3	第二学年春夏学期
	市场营销学＊	3	第二学年春夏学期
	组织行为学＊	3	第三学年秋冬学期
	应用运筹学	2	第三学年冬学期
	技术创新管理	2	第三学年秋学期
	管理沟通	2	第三学年秋学期
	人力资源管理＊	3	第三学年春夏学期
	创业领导	2	第三学年夏学期
	项目管理	2	第三学年春学期
	国际商务	2	第三学年春学期
	创业风险管理＊	2	第四学年冬学期
	创业融资与投资管理	2	第四学年秋学期
实践教学（5 学分）	教学实习	2	第二学年短学期
	创业实践	3	第三学年短学期
毕业论文（8 学分）	毕业论文	8	第四学年春夏学期

3）创新与创业管理（辅修）。1999 年竺可桢学院创新与创业管理强化班（以下简称"强化班"）成立。强化班每年从全校二年级本科生中甄选 60 人（从

2010 年起改为 40 人），进行跨学科学习，培养成为高科技创新创业型人才，教学计划总学分为 29.5 分，分两年完成，如表 3 – 5 所示。

表 3 – 5　创新与创业管理强化班培养计划

课程名称	学分	开课时间
管理学基础	3	第五学期秋冬
经济学基础	3	第五学期秋
创业管理	2	第五学期秋
商务沟通	2	第六学期春
企业法与知识产权管理	2	第六学期春
创业投资与创业财务	2	第六学期
电子商务	2.5	第七学期秋
营销与战略	2	第七学期秋
新产品开发和项目管理	2	第七学期秋
企业实习	3	暑假
创业设计	6	第八学期夏

强化班的教学采用互动式教学、MBA 模式的案例教学和情景教学，并且由高水平教授主讲，辅以成功的企业家、职业经理人参与授课，开设讲座和交流；同时开展灵活多样的课外活动，以团队形式完成综合调研等。强化班学生具有自主管理、自我开创的精神，自己设计了班徽、班歌、班级主题色、班级刊物、班级中英文网站等，还发起开展企业参观实习、班级校友会、国际交流、创业论坛等活动。

4）公共选修课。除以上三种学位课程外，浙江大学（本科层次）还在全校性的公共选修课中设立了创业课程，供全校学生选修。如《大学生 KAB 创业基础》引入国际劳工组织的 KAB 创业教育（中国）项目，该课程分为 8 个模块，依次为：什么是企业（模块 1）、为什么要发扬创业精神（模块 2）、什么样的人能成为创业者（模块 3）、如何成为创业者（模块 4）、如何找到一个好的企业想法（模块 5）、如何组建一家企业（模块 6）、如何经营一家企业（模块 7）、如何准备商业计划书（模块 8）。教学时间大约 36 个学时。

（2）硕士层次。

1）创业管理。硕士生创业管理精英班的目标是聚焦创业、创新背景下的管理前沿问题，开展学术研究和实践技能的精英人才培养。注重对研究生国际视野、创新意识和研究能力的培养。学制为 2 年，其中半年为课程学习阶段，半年分别为国际交流和实践计划，1 年（4 个小学期）为学位论文阶段。

精英班教学特点主要有：以创业、创新为导向，制定全新的培养计划；课程采用"双语教学"，部分课程聘请外教上课；课程设置实行模块化，并加大国际化、创业创新等内容；实行导师团队指导模式；将海外交流模块与实践模块纳入必修环节。

2）全球创业管理培训项目（MBA + 科学硕士）。2009 年，浙江大学管理学院联合美国百森商学院、法国里昂商学院共同发起全球创业管理硕士研究生项目，致力于培养具有较强国际视野、交叉文化背景、较高外语水平、扎实创业管理理论与方法的复合型人才，主要课程有商业研究方法、战略管理、管理经济学、人力资源管理、家族企业管理、亚洲商业环境、创新管理等。

首期共招收来自三所学校的 65 名学生，所有学生以统一的标准进行教学，全英文同堂授课、同卷考试，4 个月在法国，4 个月在中国，4 个月在美国。全部成绩合格者，将会获得三校分别颁发的硕士学位。

（3）博士层次。2006 年，浙江大学管理学院设立了全亚洲第一个创业管理二级学科博士点，为博士生开设的创业教育课程主要有组织管理、人力资源、战略、技术创业、家族企业创业、社会创业、创业融资等模块，如表 3 - 6 所示。

表 3 - 6　浙江大学博士层次主要创业课程

课程名称	学分	总学时	备注
KAB 创业基础	2	32	硕博通用
组织理论与创业模式研究	2	32	博士生课
创业人才与行为研究	2	32	博士生课
创业战略研究	2	32	博士生课
技术创新与创业研究	2	32	博士生课
现代公司理论与公司创业研究	2	32	博士生课
企业成长与家族企业创业研究	2	32	博士生课
社会型创业研究	2	32	博士生课
创业融资研究	2	32	博士生课

（4）独立课程。

1）"创办你的企业"项目课程。2008 年 5 月，浙江大学党委学工部将"创办你的企业"（SYB）项目引入校园，浙江大学全日制学生经过面试选拔课免费接受培训。SYB 培训课程分为创业意识培训和创业计划培训两部分，具体课程有将你作为创业者来评价、为自己建立一个好的企业构思、评估你的市场、企业人员组织、选择一种法律形态、法律环境和你的责任、预测你的启动资金、制定利润计划、判断你的企业能否生存、开办企业。

2）"模拟公司"项目课程。"模拟公司"大学生创业就业实训项目也是在 2008 年被浙江大学党委学工部引入校园的，所有全日制学生参加选拔后可免费接受培训。

在该项目中，学员通过组建公司，确定公司架构，分析经营环境，尝试经营业务和完成各岗位工作任务等提升团队及其领导者的职业和创业能力。在真实商业环境下实践和完善商业计划书，从而增强其参与市场竞争和驾驭市场的应变能力，提升创业和就业竞争能力。优秀团队可以申请参加美国美林全球商业挑战赛，CUFANS 六国商业邀请赛，全国创业能力大赛和模拟公司交易会等活动。

2. 实践活动

浙江大学开展了丰富多样的创业实践活动和创业计划大赛，如"蒲公英"大学生创业计划竞赛、校友创业大赛、"新尚杯"全国高校大学生创业邀请赛等多个竞赛活动，其中有代表性的是"蒲公英"大学生创业计划竞赛和求是强鹰成长计划。

（1）"蒲公英"大学生创业计划竞赛。2001 年，浙江大学与杭州市人民政府共同主办了"天堂硅谷·浙江大学蒲公英学生创业计划竞赛"，"蒲公英"学生创业计划竞赛是浙江大学官方组织的创业计划大赛，在校园各项创业相关的比赛中具有重要影响力。迄今为止，"蒲公英"大学生创业计划竞赛累计共有 1200 余支团队、8200 名同学参与，培育了"快的打车"、个推、米趣科技、友谦网络科技等资产规模过亿的优秀创业团队。

（2）求是强鹰成长计划。2008 年 4 月，在浙江省青联、浙江省工商局、浙江省侨联等单位的支持下，共青团浙江大学委员会和浙江大学管理学院以"第二课堂"为载体，以"实践育人"为核心，在全校范围内实施"求是强鹰实践成长计划"。该计划是通过聘请优秀浙商为创业实践导师、引入商业模拟实战系统、开展与政府和企业的合作共建、举办就业讲座和培训等方式，培养大学生创业就业的实战能力。

如今"求是强鹰"已经不仅是优秀企业家与优秀大学生"师徒结对"的精英化活动，而是形成了"求是强鹰"创新创业计划、"求是强鹰"海归创业计划、"求是强鹰"名企精英挑战计划、"求是强鹰"论坛等四位一体的品牌体系，并于 2009 年成立了求是强鹰俱乐部。求是强鹰俱乐部采用导师带徒的模式，邀请浙江省内外知名企业家担任浙江大学大学生创业实践导师，与浙江大学优秀大学生结对。由企业家本人亲自设计大学生实践培养计划，指导大学生开展企业实践、实习，规划职业生涯，以更好推动大学生的实践成才与发展。

3. 支撑体系

（1）学生创业社团。学生创业社团是浙江大学创业教育支撑体系的重要组成部分，部分学生社团如表 3 - 7 所示。

表 3 - 7　浙江大学学生创业社团情况

社团名称	成立时间	社团宗旨	针对学生群体
创业精英俱乐部	1999 年	组织、承办全校性创业活动	本科生为主
研究生创新创业中心	1999 年	培养研究生的创新创业意识	研究生
亚太区学生企业家精神协会浙大分部	2002 年	团结和教育未来的商业和技术领袖	研究生和高年级本科生为主
未来企业家俱乐部	2002 年	培育和联络潜在的商业领袖	研究生和高年级本科生为主
学生科学技术协会	2003 年	组织承办全校性学生创业计划大赛等	本科生
国际大学生企业家联盟浙大分部	2005 年	传播并实践社会企业的创业理念	本科生
KAB 创业俱乐部	2008 年	致力于培养学生的创业精神和创业能力，提高其职业规划能力和就业能力	全校同学

学生创业社团带动了校园内创业的热情与氛围，并让学生具备了初步的创业认识和创业意识，同时大量的社团社会活动提升了社团成员们的沟通、组织、协调等综合能力，为他们创业打下了良好的基础。

（2）服务支持机构。根据发达国家地区创业教育经验，大学科技园、孵化器、种子基金等服务支持机构对开展大学生创业教育有着重要的支持作用。因此，浙江大学已建立了一批创业教育服务支持机构，主要有浙江大学科技园、国际创新研究院、科技创业服务平台。

1）浙江大学科技园。浙江大学国家大学科技园创建于2000年，引进了国外创业教育的"科技园＋孵化器"模式，是浙大学生创业的主要支持基地之一。科技园规划建设面积1700亩，其中占地52亩、建筑面积6.8万平方米的启动区块创业孵化楼群已于2004年建成并投入使用。

科技园为入园企业提供一流的软件服务，包括工商注册、技术转移、项目申请、政策咨询、经营管理、法律事务（含知识产权保护）、财务税务、投融资、市场营销、培训和国际交流等。并且科技园设立1亿元创业投资基金，建立"创业投资联盟"和"产业投资联盟"，为入园企业打造投融资服务平台；还建成"浙江大学国家大学科技园光与电技术开放实验室"和"浙江大学科技园生物医药技术测试中心"两个公共技术服务平台。

2）国际创新研究院。国际创新研究院成立于2007年5月，为非营利性机构，以"锻造国际产学研合作创新链、助推创新生态营造与区域经济发展"为宗旨，引入以美国斯坦福大学为代表的世界一流大学和以美国硅谷为代表的高水平创新创业资源，通过自主创新和集成创新，致力于科技产业的创业与创新服务。目前，研究院下设创业与创投服务中心、科技产业发展中心、国际交流与教育中心三个业务中心及智能网络与控制研究所。

3）科技创业服务平台。2010年，由浙江大学国际创新研究院、浙江浙大网新集团有限公司、浙江大学教育基金会、浙江大学科学技术研究院以及浙江大学管理学院共同发起组建。该平台由"之江创业基金"、"创业大讲堂"、"创业周活动"、"创业实验室"等项目组成（见表3-8）。

表3-8　浙江大学科技创业服务平台

项目名称	具体内容
之江创业基金	基金系种子基金性质；第一期融资规模2000万元，由浙江大学国际创新研究院和浙江浙大网新集团有限公司各出资1000万元组成；基金重点支持浙大师生及校友设立的自主创新型企业，重点支持处于初创期的企业，投资对象原则上为成立期限在5年之内的中小企业

项目名称	具体内容
创业大讲堂	每月举办一次，定位于公益性的创业及创新教育，围绕创业与企业家精神等主题，邀请国内外的知名创业者、企业家、投资人和资深教授为主讲，重点分析创业案例和分享创业经验
创业实验室	定位于小型创业孵化器。每年筛选一批创业项目入驻孵化器，进行模拟实际商业环境的运营演练。实验室为创业团队指派创业实训导师，提供培训机会和行业专家组的咨询辅导，同时为入驻项目提供免费办公场地、一定额度的启动资金。实验室与创业团队共同制定年度考核目标，成功毕业的项目将获得创业基金的投资
创业周活动	每年举办一次，旨在搭建创业团队之间，创业者与投资人、企业家之间的交流与合作的平台。主要开展论坛、研讨会、项目对接会、创业/创新大赛等形式的活动，促进创业项目与产业和资本市场的对接

（3）学术研究机构。创业相关的学术研究能为大学创业教育提供重要的理论支持和指导。浙江大学对创业教育的理论研究已走在前列，一是管理学院于2006年成立了全球创业研究中心，中心设立创新人才与全球领导力、创业资源与企业成长力、创新政策与区域竞争力三大研究方向，主持和承担数十项国家级和省部级研究项目；二是教育学院以常务副院长徐小洲教授带领的团队为主力，对创业教育开展系统研究。

这些服务支持机构都离不开浙大校友的支持，校友资源也是浙大创业教育支持体系的重要部分。他们不仅为浙大创业教育提供资金支持，也包括知识、技术等智力支撑。

（二）地方高校创业教育——宁波大红鹰学院

地方高校是地方创业教育的重要基地，国内各地方高校也在积极探索尝试创业教育。2013年5月，宁波大红鹰学院与深圳国泰安教育技术股份有限公司（以下简称"国泰安"）联合创办了国内首家校企合作创办的创业学院——国泰安创业学院，这是全国首个以创业为方向开展四年全日制本科学历教育的学院。

国泰安创业学院依托工商管理（企业管理方向）专业，开展创业本科学历教育，同时面向社会开展创业培训课程以及传统产业转型升级总裁班、民营企业接班人特训班、创业师资高级研修班等精品培训项目，以培养"多维度复合型创新创业人才"为目标。学院将理论教学、实训操作与创业实战完美融合，以各领域资深专家、创业导师、实战派兼职讲师、学院派全职教师组建学院师资队伍；以强调应用技能培养、全面素质提升的课程设置、教材配备和实训资源支持，全方位打造创新创业教学实训平台、创新创业研究平台、创业孵化支持平台，构建完整的创业教育与服务体系。经过两年多的发展，学院已经取得一定成绩，建立了较为完善的"创业教育 + 创业实训 + 创业实践 + 创业孵化"体系，为我国创业教育创新发展提供了借鉴。

1. 培养模式

国泰安创业学院经过两年多的探索实践，大力创新人才培养模式，开展包括创业教学与创商培育、创业实训实习、创业实践与孵化三个阶段在内的体系化创业教育。如图 3 - 2 所示。

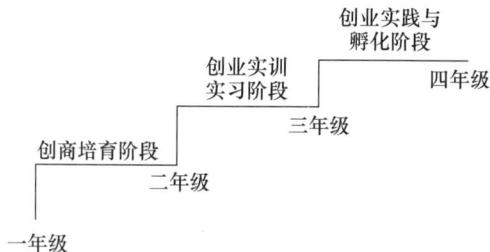

图 3 - 2　创业学院人才培养模式

（1）第一阶段：创商培育阶段。创商是创业商数的简称，学生的创商是包括创业思维、素养、激情、潜力、能力等全方位素质的体现。创商培养是创业教育的重要课题。在学生大一、大二学年，学院重点开展创业基础教学和创商培育。开设创业导论、创业基础与实务、创新思维与创造力开发等创业基础课程以及一系列创新活动，让创业元素与创业基因塑造渗透进专业教学与拓展活动过程中。

（2）第二阶段：创业实训与实习阶段。这一阶段将创业模拟实训与理论教学紧密契合，让学生足不出校就可以模拟创业及企业运营，感受市场竞争压力，感悟创业真谛，激发创业意识，培养创新精神，提升综合素质。此外，学院与国内多家知名企业、协会建立了战略合作伙伴关系，为学生提供由浅入深、循序渐进的实习岗位，零距离了解创业企业的初创、成长、发展全过程。

（3）第三阶段：创业实践与孵化阶段。学院开展一系列创业实践与孵化活动，让学生切身体验创业过程，最终促成创业项目的落地运作。学院整合学校、企业、行业协会、政府、天使投资联盟、投资基金等各方资源，设立创业校内外实践与孵化基地、学生创业就业服务中心，成立大学生创业投资基金，为学生提供创业所需的基础、顾问、资金、政策等各方面支持，搭建"项目挖掘＋过程辅导＋引资推动＋孵化支持＋管理咨询"的完整创业服务体系。

2. 课程体系

国泰安创业学院在产校深度融合的模式下打破传统的学科界限，把适应未来创业需要的创业意识、创业个性特征、创业核心能力等"创业遗传代码"和有关创业的社会文化知识进行整合，创建了面向社会或校内学生的"阶梯形"本科创业教育课程（见图 3 - 3）。

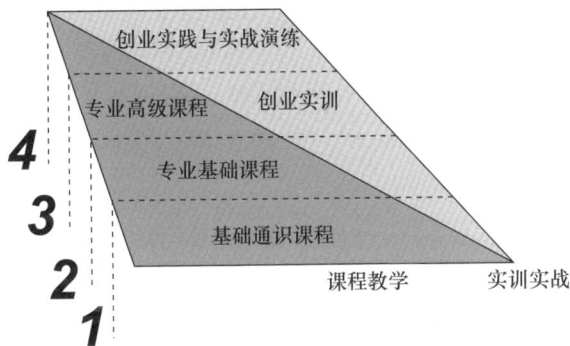

图 3 - 3　阶梯形课程模型

阶梯形的课程体系设置将严格遵循人才培养目标并划分为三个阶段逐一实现：

阶段一：第 1 ~ 2 学年。

该阶段主要开设基础通识类课程（包括思想政治课、大学心理健康教育、体育课等）及专业基础课程（包括经济学、基础会计学、财务管理学等），目的是让学生学会做人做事、培养良好的习惯与健康的身心，具备创业者的基本素养，掌握基本的知识与技能。

阶段二：第 3 学年。

该阶段主要开设专业高级课程和实践类课程，在前两年的知识技能基础上，深入强化创业及企业经营管理相关的技能，并更注重与实践应用的结合。

阶段三：第4学年。

学生在此阶段会将大部分精力参与到创业实践与实战操作中，体验创业过程，提升学生应用所学知识技能解决实际问题的能力。

整体而言，学院已经设计了创业与专业相结合的"素质—知识—技能—实践"完整创业课程体系。课程包含公共基础通识课程、专业基础课程、专业高级课程、实训实践与实战演练课程、特色专题课程，融合全新的教学理念和教学方法，采用"理论＋实训＋实践"逐层深入的授课模式，具体课程如表3－9所示。

表3－9　创业学院课程体系

课程类别	具体课程
公共基础通识课	思想道德修养与法律基础、毛泽东思想和中国特色社会主义理论体系概论、中国近现代史纲要、形势与政策、大学生英语、大学语文、高等数学、体育与健康等
专业基础通识课	职业发展与生涯规划、创业导论、现代科学与技术、创业基础与实务等
专业必修课	经济学、应用统计学、财务管理学、资本运营与IPO实务、机会识别与项目选择、项目管理、风险管理、市场营销学等
专业选修课	商务礼仪、商务伦理、商务谈判、客户关系管理、领导科学与意识、政府行政体系概论、企业成败案例分析、企业家专题讲座等
实训实践与实战演练课程	军事拓展训练、创新思维训练与创造力开发、创业与企业经营模拟实训、商业计划书、创业实践与实战（创业项目孵化）、毕业实习（企业家助理）等
特色专题课程	创业商数测试与提升训练、创业创新与国家竞争力、创业创新与区域经济、创业创新人才挖掘与培育、创业创新社会氛围及公共政策等

3. 师资队伍

学院充分利用自身多元化的背景优势——教育与金融背景，有效整合各方资源，将拥有创业实践经验、高管经验与教学能力的业界名师名家引入校园，已成功组建一支高素质的创业教育师资队伍，授课教师包括各领域资深专家、创业导师、实战派兼职讲师以及经过培养提升的大红鹰学院基础课程授课教师。

在师资队伍结构中，创业导师是创业师资队伍的终端，对师资要求也最高。

创业导师应具备极其丰富的教学研究与实践经验，熟悉理论知识与实战应用，通过案例启发式授课帮助学生对知识的吸收与把握。学院现有创业导师团队均为行业精英，且1/3以上的教师具有海外背景。并且学院对优秀学生创业团队实行"双导师制"，即"内部创业导师＋外聘创业导师"，通过金牌导师大赛等一系列活动，推动学生创业团队与创业导师结对，创业全程长期指导学生实践、实习、实战活动。

为提升整体师资队伍水平尤其是外聘师资，学院采取集中培训和教学研讨会两种方式来提升外聘师资水平。同时，学院采用360度考评方法来考核教师教学质量，监督和评价的主体对象包括教师、学生、学校教学管理部门、同行、专家及企业领导。

4. 实训实践

学院在校内建设有2000余平方米全新的创业实验中心，中心实验室包括创业就业实验中心、企业模拟办公区、投资操作区、外围机构试验区、多功能研讨室、大型录播室、小型沙龙区等，配备先进的仪器设备和配置专业的实训软件。主要实现学生的创业实训、岗位技能实训、企业内外业务全景跨专业模拟以及多企业竞争对抗实境模拟实训。实验中心软件体系导入国泰安创新型的"E＋N"模式，以智慧管理云平台搭载各专业实训模拟系统及创就业实训系统，包括创业启蒙、创业准备、创业技能、创业融资、创业拓展等模块的实训软件，通过角色扮演、沙盘演练、多层级实战，全方位实现理论知识转化、应用技能提升。

同时，学院还与国内多家知名企业、协会建立了战略合作伙伴关系，提供实习机会。实习主要安排在每学年的寒暑假，学习内容由浅入深，学生分阶段完成实习目标，可将专业知识的学习和创业实际有机结合起来，有助于学生了解社会、接触实际工作。

学院十分注重对学生创业精神和创业意识的培养，鼓励学生进行创业实践与实战锻炼，并专设大学生创业俱乐部与活动专项基金，构建创新的学生实践与活动体系，组织学生积极参与创业竞赛和创新实践活动，培养和锻炼实际操作技能、运用所学知识解决实际问题的能力。迄今为止，学生参加过高校品牌策划大赛、"国泰安"杯创业大赛、"创新创业杯"全国管理决策模拟大赛、浙江省"互联网＋"大学生创新创业大赛等多项创新创业大赛。

5. 创业孵化

学院联合国泰安合作孵化创新型小微企业，通过"互联网＋"创新模式、电子商务"一站式"创业服务平台的建设和支撑,为各类创业团队提供系统化的产品和服务——创业孵化"一站式"服务。如图3-4所示。

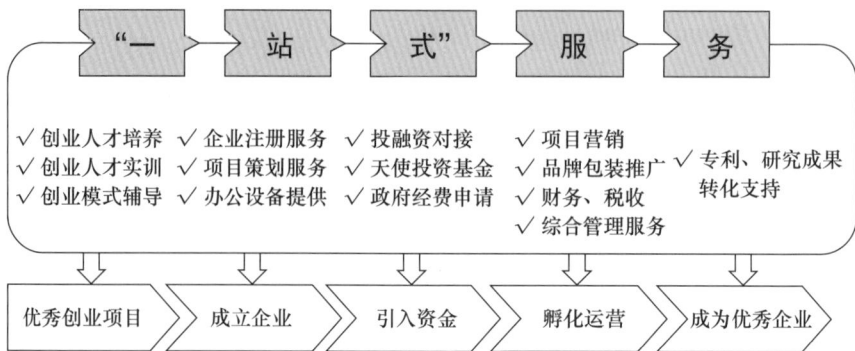

图3-4 创业孵化"一站式"服务

"一站式"服务包括培养创业人才,给创业者提供从企业创立最初的企业注册、项目策划服务,到企业孵化期最重要的投融资对接、政府经费申请,再到运营中必需的项目营销、品牌包装推广服务,以及财务、税收、综合管理、创业顾问等专业服务。

资金是创业项目孵化的重要支撑。学院联合多方资源成立了宁波市大学生创新创业投资基金,这是首只宁波市政府参与的面向高校在校大学生在宁波创业的创投基金,用于培育、孵化宁波市大学生创业项目和大学技术成果转移,通过政府引导,吸引社会资金,建立全社会支持大学生创新创业的新型投入机制,采用"创业基地 + 创业教育 + 创业服务 + 天使投资"为特点的基金管理模式。如图3-5所示。

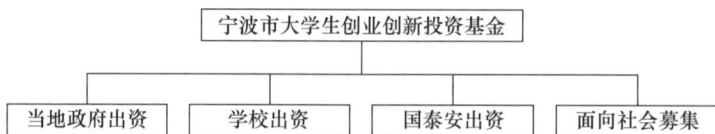

图3-5 创业创新投资基金募资结构

另外,创业学院探索互联网技术和互联网营销模式,将"互联网 +"与不同产业的发展深度融合，建立大学生"互联网＋"创业主体项目库，为青年创业团队规划"互联网＋"创业项目，并参与投资该类项目，同时为该类创业项目提供全流程孵化服务。学院还积极鼓励学生注册公司，亲身体验创业过程。目前，学院学生已在宁波和嘉善申请注册成立创业公司。

（三）高等职业院校创业教育——成都职业技术学院[①]

在大众创业、万众创新的时代背景下，高职院校创新创业教育也在如火如荼地开展。创新创业教育已成为高职教育重要的组成部分。国内众多高职院校已经开始在探索创业教育之路，而成都职业技术学院（以下简称"成都职院"）早在2009 年就开始面向全院学生开展"普及式、分层次"的创新创业教育；2010 年将创新创业课程列为必修课；2013 年，在成都市政府的支持下，学院与共青团成都市委、成都市教育局、成都市人力资源和社会保障局、部分知名企业共同发起成立成都创业学院。

成都创业学院是由成都职院整合"政府、行业、企业、学校"多种资源，合力打造的集创业、教育、实践、服务、孵化等功能于一体的青年创业综合服务体。它打破了原有的"园区、社区、校区"创业工作瓶颈，构建了"理事会＋院务会"的全新管理体制，打造出"三区一平台"的创业教育模式。

1. 管理体制

在体制机制上，成都创业学院着力创新，实行理事会管理下的院务会负责制的管理模式，即"理事会＋院务会"的管理模式，如图 3－6 所示。理事会是创业学院的决策层，由成都职业技术学院、成都市教育局、成都市人力资源和社会保障局、共青团成都市委、YBC 全国办公室、部分高校和中职学校、相关行业、企业代表共同组成；理事会下设执行机构"院务会"，行使对创业学院的具体管理运行职能。院务会下设创业项目部、创业教育部、综合服务办公室、创业基金管理办公室四个部门。

---

① 王涛：《高职院校创新创业教育模式探索》，《职业技术教育》2015 年第 2 期，第 53－56 页。

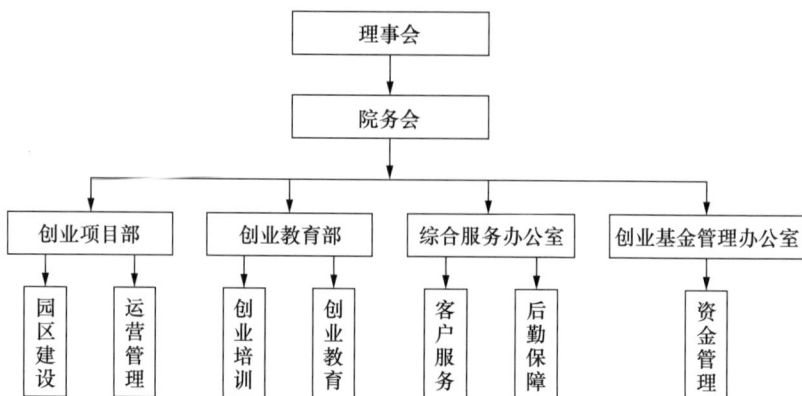

图 3-6　创业学院架构

　　理事会的主要职责有：为创业学院的发展最大限度地整合政、行、企、校资源；积极为创业学院筹集发展资金，制定资金预算，监督其使用情况；根据成都职院专业发展方向的调整，审议、调整理事会成员单位；任命成都创业学院院长；制定理事会活动计划并实施监督。院务会的主要职责有：在理事会的监督指导下，推荐创业教育行业专业人士组成；主持创业学院日常工作；落实理事会具体工作安排；具体执行创业学院的管理以及创业学院的发展建设；处理其他日常事务。这种创新的体制汇聚了"政策、项目、场所、导师"等多要素，尤其是强调企业导师的引入与参与，将创新创业教育真正落在实处。

　　2. 教育模式

　　成都创业学院承载着服务青年创业、助推地方经济发展的使命，强调对创业青年全程提供创业培训，同步创业指导。因此，它将园区划为三大功能区（创业教育区、创业孵化区、成长型企业区），并打造创业公共服务平台（综合服务平台），简称"三区一平台"，如图 3-7 所示，分别实现"创业教育"、"创业孵化"、"创业发展"和"创业服务"功能，为创业青年提供一体化服务。

　　（1）创业教育区。成都创业学院的创业教育区采用"分层次、菜单式"的模式开展工作，主要建设方式和内容有四种。

　　第一，面向成都职院的全体学生开展"普及式、分层次"的创业教育。成都创业学院创建了一套与成都职院专业特色高度融合的"全覆盖、分层次、菜单式"的创业教育课程体系（见表 3-10）。课程体系分为两大模块，分别是普及式创业通识教育和分层次的创新创业教育。其中，分层次的创新创业教育包括与

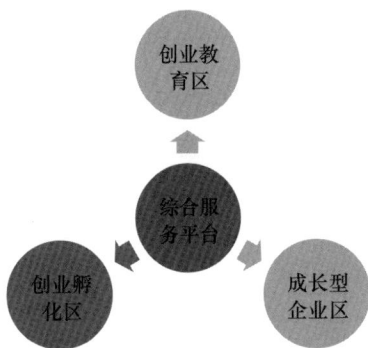

图 3 - 7　"三区一平台"示意图

专业紧密结合的行业创新创业教育、创业基本技能教育、创业专题研讨、创业实践教育、创业实战训练等内容。创业学院针对每个年级的学生开设不同的创业课程，如大一学生开设与各专业相结合的创业通识教育；面向有创业意愿和创业项目的大二学生开展结合其专业基础的专业化创业技能教育；面向符合 YBC 标准的大三学生开展创业实战训练，使学生"带着项目入学，带着企业毕业"。

表 3 - 10　"全覆盖、分层次、菜单式"课程①

课程阶段	开课对象及开课时段	课程类型	课时（学分）	是否进入教务课程体系	核心课程
一阶	大一学生（第二学期）	必修课	36 课时（2 学分）	是	创新创业素养和意识
二阶	大二学生（每学期开课）	选修课（菜单式选修，学生全学年最多可以选修 6 个模块）	16 课时（1 学分）	是	商业计划书（模块 1）
			16 课时（1 学分）	是	企业财务分析（模块 2）
			16 课时（1 学分）	是	团队管理（模块 3）
			16 课时（1 学分）	是	商务谈判（模块 4）
			16 课时（1 学分）	是	企业盈利模式（模块 5）
			32 课时（1 学分）	是	校企共建创业小班（模块 6）

---

① 王涛：《高职院校创新创业教育模式探索》，《职业技术教育》2015 年第 2 期，第 53 - 56 页。

续表

课程阶段	开课对象及开课时段	课程类型	课时（学分）	是否进入教务课程体系	核心课程
三阶	大三学生（第五学期）	必修（创业方向）	>18 课时（替换 1 学分）	否	创新创业实践与孵化
		必修（就业方向）	18 课时（1 学分）	是	就业指导

第二，开展创业街实践活动。成都创业学院的创业街模式主要有三种，即初期"创业夜市"模式、中期"创业商铺"模式和后期"创业工厂孵化模式"。学院整合校内丰富的实践、实训资源，开放校内商铺以及各专业实训室，向学生征集项目，通过项目评审的学生可以免费入驻创业商铺。学院明确创业实践平台虚拟公司主要经营领域：适合校内开展、便于服务全院师生的服务项目，以及软件、旅游、财经、酒店管理、电子商务密切匹配学院相关专业设置的项目等，并开设相关创业实训项目课程（见表 3–11）。

表 3–11　课程实训内容项目表（基本学时 88 课时）①

实训对应课程	实训项目名称	学时	实训场所
创新创业素养和意识	企业参观学习	4	企业课堂、创业园
	创新意识激发	6	校外（创新素质拓展）
	企业信息收集	10	创业论坛、创业网站、创业社团等
创新创业方法及能力	创业计划大赛	16	校内
	商业模拟游戏	10	校内
	开业模拟申办	10	校内模拟平台
创新创业实践与孵化	创业模拟沙盘	20	校内外创业实战基地
	企业申办登记	12	校外实战

第三，面向社会创业群体开放创业学院的培训课程。成都创业学院根据社会创业群体的特殊要求开设"菜单式"的创业课程，实施"菜单式"项目制小班和创业素质拓展，同时为他们提供成都市"大学生创业园区"和"社区创业平

---

① 王涛：《高职院校创新创业教育模式探索》，《职业技术教育》2015 年第 2 期，第 53–56 页。

台"的相应对接，为社会创业群体的创业后续发展提供资源保障。目前，学院已开设的培训课程有 CVCC 创业师资班、DMC 创业指导师培训班、SYB 培训班、微信营销班、电商运营班、IT 服务班等。

第四，打造一支"高、精、尖"的创业导师团队。成都创业学院实行"企业 + 教育"的模式，企业导师的引入十分重要。以入驻创业学院的成长型企业创业者为教学先导，吸纳 YBC 导师资源，邀请企业、工商、税务等各界拥有丰富创业经历的专家作为创业导师，打造一支专兼结合的创业教育师资队伍。学院还整合企业家导师、专业咨询公司和国内外创业名师多方人力资源，建设了一个面向成都地区所有园区、创业中心等平台的"创业师资基地"。目前，校内具有创新创业教学认证资质的教师 60 余人，企业导师 41 人。

（2）创业孵化区。围绕创业教育区的需要，成都创业学院同时打造创业孵化区，为通过评审的成都职院优秀的创业团队、其他大学生创业团队及社会创业团队提供孵化平台。创业学院向入驻的创业团队免费提供一年的场地、设备、水电、物管以及其他相应服务，全程提供一对一的企业导师指导，设立导师业务咨询服务。企业的参与指导使得原来主要由学校教师承担的创新创业教育发生了更务实的转变，弥补了学校创新创业教育"重理论轻实践"的不足。同时，入驻团队还可优先承接成长型企业提供的外包订单，通过承接外包订单，积累经验，逐渐独立。

（3）成长型企业区。成都创业学院引入成熟型企业，建设成长型企业区。在引入企业时，创业学院都会在师资、课程、实践指导、创业孵化、校企合作等方面和企业"约法三章"：一是入驻的成长型企业必须提供 2 名创业指导教师，每年免费提供不少于 40 课时的创业教育，与创业学院合作开设企业创业小班课程；二是义务承担 2～3 支孵化团队的指导工作；三是入驻企业为学院相关专业的建设提供指导服务并开展校企深度合作，共建专业。

创业团队、成长型企业、成熟型企业，"共生型"的创业生态让创业学院园区涵盖了创业的全过程。学院还要求入驻企业每年提供一定数量的外包订单交给孵化团队，并指导他们完成，实现"交互式创业孵化"模式。成熟型企业的引入，为孵化团队提供了学习典范，解决了师资困境。而成熟型企业则可以享受创业学院提供的相应优质服务，也可以实现企业间资源共享、成本共担，实现加速成长。截至目前，成都创业学院已引驻 8 家成熟企业，来自成都地区 15 所高校的 30 个学生创业团队，10 个主题创客部落。2014 年园区产值达 6200 万元，创造就业岗位 723 个。

（4）综合服务平台。综合服务平台主要为入驻企业和园区创业青年团队提供政策咨询、会务宣传、成果转化、创业实训、工商注册流程、投融资等全方位服务。它开发了信息发布、工商税务、人力资源整合、政策咨询、后勤服务、金融服务等功能，为园区入驻团队和企业提供整体服务，有效降低创业成本，促进企业核心竞争力提升，并提供创业教育培训、法务咨询等。另外，创业学院还可以与企业或团队共同进行科技项目包装和申请，助力学生创业团队和成长型企业专业化成长。

三、我国创业教育发展建议

创业教育是当今备受社会各界关注的问题，各国的教育机构及教育学家都在围绕这个主题进行研究。近年来，我国创业教育得到了长足的发展，创业教育理念与实践都取得了显著进步。不过与美国、英国、日本、德国等发达国家相比，我国的创业教育还存在很大差距。随着创业教育的重要性不断凸显，我国应充分学习和借鉴发达国家或地区先进的创业教育理念和经验，推动创业教育发展进入新阶段。

（一）发达国家或地区创业教育发展经验总结

通过对美国、英国、日本、德国、中国台湾等发达国家或地区的创业教育分析，我们可以看出，这些国家或地区创业教育理念先进，实践形式多样，积累了丰富的经验，取得了丰硕的成果。

1. 完善相关扶持政策

美国、英国、日本和德国等发达国家很早就认识到创业教育的重要性，它们认为创业不仅能改变一国的就业情况，还能促进经济增长，给创新技术带来新的机遇，创业教育得到了政府的高度重视。美国政府通过一系列的政策法律鼓励大众创业，营造出有利于大学生创业的政策环境，如制定《拜杜法案》、《技术创新法》、《联邦技术转移法》等，为创业企业提供技术、管理支持。英国的创业教育政策重在资金支持，共有四个政府部门制定与高校创业相关的政策法规，包括教育与技能部（DFES）、贸工部（DTI）、财政部（HMT）和首相办公室（ODPM），并为创业教育提供资金支持，且通过科技创新政策、知识产权政策等鼓励大学生创业，形成政府驱动的创业教育氛围，有别于美国市场驱动的创业教育。日本政府也相当重视高校创业教育，颁布和修改了《中小企业新事业活动促进法》、《公司法》，支持大学生创新创业活动，且日本经济产业省、文部科学省、厚生劳动省相互协作，形成一个顶层宏观体系，重点推动高校创业教育的顺利开展。德国政府从经济环境、政治环境和社会文化环境三个方面支持创业教育，分别出台不同的大学生创业优惠政策，如减免税收、援助贷款等。近年来，中国台湾地区以大学为对象的创业政策相当多元，2009 年中国台湾教育主管部门推出"U－START 大专毕业生创业服务计划"，2012 年又推出"大学校院创新创业扎根计划"，打造出适合大学生创业的氛围。

2. 依托相关专业机构

创业教育中心在高校创业教育中发挥举足轻重的作用，它是为创业教育而成立的。美国的创业教育中心不仅提供创业方面的学术课程，还开展外延拓展活动及创业领域的研究，是美国高校创业教育的基地，是高校与外界联系的重要纽带。在英国，没有创业教育中心，就没有创业教育，它既是创业教育的教学单位，又是创业孵化器，成功推动科技成果的商业化。德国创业教育的支持性机构比较多，各大学都建设有自己的创业教育中心，如 TUM 的创业教育支持机构可以分为三大类，包括综合机构、研究机构和技术机构，为高校创业教育提供全方位支持。中国台湾地区高校成立独立的创业教育组织，推动创业教育的开展，如逢甲大学创立了企事业教育发展中心，台湾大学创建了跨学院的科技创业与管理学程组织。由此可见，创业教育中心在高校的创业教育中占据主导地位，是高校与外界的重要桥梁。

3. 营造良好社会氛围

发达国家或地区创业教育不仅得到政府的高度扶持，也得到社会各界的广泛支持，已经形成了一定的创业风气和创业意识。美国创业教育得到社会组织的大力支持，基金会、研究机构和企业等都为创业教育做出卓越贡献，中小企业发展中心为创业学生提供咨询服务，中小企业管理局为创业学生提供较低的甚至免费的技术支持，建立起多方位的创业教育社会支持体系。在英国，联邦政府、地方各政府、商业圈、教育与培训部门、企业、社区组织和媒体为大学生创业提供援助，帮助学生实现创业梦想，社会各界的支持成为英国创业教育发展的有力后盾。同样，日本许多的大企业和中介机构都活跃在高校的创业教育中，他们为有潜力的创业计划提供风险支持，与大学联合开发创业教材、课程，设计创业型人才培养方案和实施策略，为大学生创业提供全方位的保障。在德国，大量的非政府组织和社会团体加入高校创业教育体系，并逐步形成了纵横交错的青年就业创业社会化服务体系，为大学生创业提供指导活动，如免费提供咨询等，通种多种援助方式，帮助大学生实现创业梦想。因此，国外高校创业教育在政府主导和社会各界的支持下，正如火如荼地开展起来。

4. 健全创业课程体系

发达国家或地区创业教育已经形成一套完整的、系统的、科学的课程体系，具体分为理论和实践两个部分，理论课程是将创业过程所涉及的知识进行整合，实践是以理论为基础，通过各种校内外创业活动和大赛，让学生真实体验创业的全过程，促使理论与实践有机结合。在课程设置过程中注重课程的作用，针对不同的课程目标，开设不同类型的课程，在开展创业教育课程的学习中，结合其他专业课程，有效地把创业教育融入各门课程的学习中，大大地锻炼了学生分析问题、思考问题和解决问题的能力。根据不同的对象，安排不同的创业教育课程，且采用不同的教学方式，如美国高校采取的案例教学、计算机模拟、实地考察等，既丰富了教学内容，又增强学生的创业意识，提升了创业能力。所以，创业教育课程应该是一个系统的课程，经过系统课程教育的学生才能具有系统连贯的创新思维，具备把握全局的能力，使企业可以持续经营下去。因此，创业教育课程与课程之间要建立科学的连接，形成创业教育课程体系。

5. 强化师资队伍建设

美国目前的创业师资除了少部分来自院校的教师外，还有大量的企业家、风险投资家、企业高管、创业者等社会人员，高校的创业师资队伍不断多元化。而英国则是建立多功能研究中心，利用互联网这一经济有效的手段将拥有的各种资源整合起来，促进创业群体、学校、企业等多方知识共享和思想交流，全方位利用社会资源、企业资源为创业教育提供师资，例如牛津大学的赛德商学院的科技企业中心和"创业赛德"。为了搭建更好的师资队伍，日本高校创业教育都是由专职教师和兼职教师构成，专职教师既要有创业实践经验又有深厚创业理论基础，兼职教师主要来源于风险投资企业的经营者、金融机构或基金管理机构的从业者、企业经营顾问等，并在产学合作的机制下，通过"教员企业研修制度"、"社会人讲师派遣制度"等形成了师资培养的长效机制，开启创业教育的"双师制度"，提升高校创业教育水平。同时，德国的师资队伍也由专业教师和兼职教师构成，且兼职教师主要由创业经验丰富的企业主或经济学教师担任，成为创业教育师资队伍的主力。中国台湾地区高校非常注重创业教师的选拔和培训，鼓励和选派教师从事创业实践活动，着力吸收社会上既有创业经验又有学术背景的人士从事兼职教学和研究，引进实践型的创业教育专家，提升师资队伍整体水平。

（二）对我国发展创业教育的建议

当前，我国的创业教育依然处于起步、探索阶段。根据我国创业教育的实际情况和存在的问题，并结合其他国家或地区的创业教育经验，本书对推进我国创业教育的发展提出了以下几点建议。

1. 明确创业教育理念与目标定位

随着我国经济社会的快速发展和高等教育的大众化，大学生的创业意识逐渐增强，创业知识不断丰富，创业能力逐步提高，这对促进生产力发展和建设创新型社会有着重要意义，对大学生自身综合素质的提升和个人价值的实现也具有重要意义，创业教育成为我国高等教育发展的必然趋势。在创业教育实施中要充分认识到，大学创业教育并不等于倡导和鼓励大学生或研究生毕业离校就去创办企业或公司，实际上，经过创业教育的陶冶能够成为成功企业家的人毕竟是少数。真正意义上的创业教育，应当像百森商学院那样，着眼于将"为未来的几代人设定'创业遗传代码'，以造就最具革命性的创业一代"作为基本价值取向。创业教育所能提供的不仅是一种能力或技能，更应该提供一种精神、一种文化。为推进相关院校创业教育的成功开展，我国必须树立科学的创业教育理念，确立合理的创业教育目标。

首先，政府应基于科学合理的创业教育理念来制定指导方针、政策。其次，高校应树立合理的创业教育理念和课程目标，加大对创业教育的重视力度，加深对广义创业教育概念内涵和外延的理解，有效整合政策、资金、师资、课程建设和课程管理等各方面资源，建设适合本校创业教育和区域经济发展的课程体系。要改变把创业结果作为评价创业教育成功与否的标准，把开展创业教育课程的终极目标定位为培养受教育者的综合素质，增强大学生的创业意识和精神、创业知识和技能，培养具有开创个性的人，将创业信念渗透到整个民族，建立一个充满活力的创业型社会。最后，学生、家长及社会各界也应树立正确的创业和创业教育理念，将提升个人综合素质作为目标，纠正落后的就业思维，积极创造和把握发展机遇，实现创业教育本体价值和社会价值的统一。

2. 进一步创新课程组织实施模式

创业是一个鲜活的过程，创业教育是一种新的教育理念，它不仅体现了素质教育的内涵，而且突出了对学生实践能力的培养。这就要求创新创业教育课程的组织实施模式，改进教学方法，把理论知识与实践相结合，引导学生发扬创新精神。

目前，我国的一些高校正在积极探索组建跨学科的创业教育中心或创业家教育学院，这在资源优化配置方面有很大改进。高校通过组建跨学科的创业教育中心，依托商学院或者管理学院的创业师资和资源，推进全校创业教育的发展，吸引学生在统一的平台下接受创业课程。例如，黑龙江大学的学分制模式就是一种可以推行的方式，由创业教育学院组织和管理创业教育课程，以丰富创业教育学分为基础，并拓展学分获得路径，完善选课制度，构建有利于学生学习和开设创业教育课程的教学管理模式。但在创业教育学分制模式的实施中要以学生的创业兴趣和意向为主，避免为学分而学习的被动教育。

创业教育要创新教学手段，可以灵活地采用小组讨论、案例分析、考察访问、项目实践、行业模拟等手段让学生积极参与到创业课程教学的每个环节。拓展创业教育第二课堂活动，有效利用区域资源，重视加强与企业和社会的合作，为学生提供更多的实践场所和锻炼机会，通过建设实习基地、组织企业家讲座、开展创业计划大赛等多种形式使第二课堂成为宣传创业教育、激发学生创业意识和精神、实践所学知识和技能的活跃阵地。温州大学在这一方面做了许多结合区位优势的创新实践，在温州大学创业教育改革试点班中实施参观考察、项目教学和模拟创业等教学法，组织学生到创业实训基地进行有针对性的实习实践，而后由有专业背景的学生组成创业团队模拟公司各职能部门，运用所学知识进行创业公司的模拟创建和运营。

要创新创业教育课程的实施方式，还要解决好教材本土化的问题。我国许多高校在教学过程中沿用商学院专业教材或是西方译著，这些教材注重理论知识而缺乏本土案例。因此，我国创业教育机构需要组织专业师资针对本校学生创业实践需求和本地经济发展实际编写本土化的特色教材。

3. 构建完善的创业教育课程体系

为促进我国高校创业教育的发展，应尽快建立全覆盖、分层次的创业教育课程结构体系。全覆盖指面向全校全体学生，开设以创业精神和创业人格培养为目标的创业通识课程，增加课程量，满足学生日益增长的需求，实现对全体学生的辐射。而分层次则可以有两种做法：

第一种是针对不同创业意向的学生开展创业教育，对有兴趣了解创业知识和体验创业的学生开展基础性创业教育，开设公共选修课；面向一部分有强烈创业意愿的同学，开设针对性强的创业课程教授专业创业知识；对一些已经开始创业实践的学生，则通过更高层次更加专业化的课程、创业指导教师"师带徒"的辅导和创业扶持机制等方式为学生提供服务。

第二种是针对不同教育阶段开设不同层次的创业教育课程。为低年级学生提供入门级的创业课程，教授创业基础知识，可以采用通识课程形式单独开设，也可以渗透到学科专业基础课中，介绍本学科或本课程的创新知识和前沿领域，开拓学生视野，激发创新思维；为大学高年级的学生提供高级创业课程，教授财务学、营销学、管理学专业知识，可以提供辅修专业、双学位或强化教育项目；针对全日制研究生或 MBA 学生可专门设立创业学方向；博士生阶段的创业教育，还要进一步发展创业学的专门化研究，为创业教育学科发展和师资建设提供高水平专业化人才。除理论课程外还应加强第二课堂——创业实践活动的开展。

此外，创业教育具有典型的跨学科特点，多学科的交叉和渗透在拓展学生知识面、培养学生创造性思维方面有着重要的作用。建立健全课程体系，必然要构建跨学科的课程内容体系。就此而言，我国需更加强调课程内容的综合性、整合性和实用性特点。

综合性特点表现在，在创业实践的基础上，综合各相关学科如经济学、管理学、市场营销学、组织行为学、会计学、心理学、社会学等学科内容，多学科渗透融合，为学生提供全面系统的创业知识。整合性特点主要指这种跨学科的课程并不是各学科的简单拼凑，而应该整合形成一个完整的课程群，创业课程内部各门课程之间要按照一定的逻辑性进行架构，整个创业课程还要与专业的课程计划进行融合。实用性特点是创业教育课程内容的关键，创业教育的最终目标是增强学生的创业意识和创业能力，要实现这一目标，课程内容就要通过具体的操作和具体的项目，使学生可以更好地将理想和理论转化为实践。

4. 打造专业化多元化的师资队伍

高质量的教师队伍是实施创业教育的关键，而师资队伍水平不高是目前制约我国创业教育发展的主要因素之一。在创业教育师资建设方面，我国亟须培养具备创业学知识和创业实践经验的专业教师队伍。

首先，创业教育的学科化是未来的发展大势。要深化高校创业改革应积极建立创业学专业学科体系，发展创业教育师资培训项目，培养创业学专业教学、研究人才，改变依然依靠商学院或经济管理学院的师资力量开展创业教育的现状。

其次，高校应该适当降低对学历和学术成就的要求，吸引有创业实践经历的优秀企业家、高层管理者等进入高校，参与创业教育课程教学和研究工作。同时加强对现有教师的创业理论知识和实践培训，提高教师的理论素养和实践教学能力。

再次，各高校可以探索建立教师互聘制度，缓解高校创业教育师资短缺的窘境，实现优质创业教育师资资源的共享，提高教师的积极性，缩小创业教育区域和校际差异，促进创业教育全面发展。

最后，教师的创业行为对提高创业教育教学水平和培养学生的创业意识十分有益，尤其是结合专业的科技创业行为也有利于高校技术成果的转化和社会生产力的发展。我国高校应鼓励教师创业行为，制定合理的激励机制，引导教师带动学生开展创新创业实践活动。各高校还要加强对创业教育研究的重视，组织专门团队时刻关注国内外创业教育动态以及参加相关学术会议等进行研究总结。

5. 建立规范的创业教育评价体系

高校要真正落实创业教育，必须尽快制定针对创业教育的规范完整、内外兼顾的评价体系，并将其纳入高校人才培养质量的评价体系中，作为衡量高校办学水平的依据之一。

首先，我国关于创业教育评价的理论基础薄弱，需要加大对相关的理论研究，加强对创业教育发展规律、创业创新人才成长规律的认识与把握，为创业教育评价体系的建设、发展提供理论依据；可在高校建立专门的创业教育研究和管理机构，给创业教育评价体系的构建和实施提供规范指导。

其次，一个完整的创业教育评价体系需要包括对教育目标、专业开设、课程设置、教师教学、人才培养效果等全方位的评价。对教育目标的评价，主要看教育目标是否符合创业教育发展规律、创业创新人才成长规律，是否充分结合学校及区域经济发展特色，是否符合社会和学生需求。对专业开设、课程设置的评价主要针对其是否符合创业教育目标，学时学分是否合理，课程内容和教材的选取是否科学等问题。对教师教学的评估除学生评教，还应结合对教师的创业知识方面进行理论考核来了解教师的专业知识和综合素养；聘请专家或资深教授对授课表现进行评估，判断其教学能力的好坏、能否满足学生的课堂需求等。对人才培养效果的评价是体现创业教育价值的最终评价。这一评价主要指对学生的学业评价，通常以学生接受创业教育后的创业情况、发明专利情况、创业大赛获奖情况等作为评价的标准。由于创业教育的长效性，这一环节的评价需要延伸到创业课程实施后，如温州大学建立的跟踪调研机制。

最后，评价主体应多元化。在内部由专门的创业课程研究部门或教务管理部门根据制定的评价指标和方法对创业教育制度进行质量管控，而外部评价可由政府、中介机构、行业协会、学术团体、学者等评价主体对高校创业教育进行公开公正的评估，通过充分调动不同评价主体的积极性，从不同角度推进创业教育评价体系的建设、发展。

6. 营造良好的创业教育文化氛围

国外创业教育实践证明，浓厚的创业文化氛围有利于创业者的创业，创业者的成功比率也较高。因此，高校要开展创业教育，培养具有创业意识和创业能力的高素质人才，就要在校内外营造一种具有创业特色、可以被环境中成员感知和认同的创业氛围。通过立体式、多维度的设计方法，以创业文化节、创业视觉景观等表现形式，营造创业文化氛围，能提高大学生的创业热情，激发创业的动机，综合提升成员的创业意识。

首先，要在精神和舆论上将创业提升到为社会创造财富、为社会做贡献的高度，崇尚创业、鼓励创业。例如社会要广泛深入开展创业教育宣传，形成良好的社会舆论环境，引导社会对创业教育的重视，同时普及创业知识和创业技能，为创业者设立服务机构提供支持。学校则积极宣传创业成功者的事迹，尤其是校友创业成功的案例，激发大学生的创业意识和创业热情。

其次，学校创业文化的形成还需要借助实践活动。高校结合大学生特点以及现阶段创业教育现状，通过发掘、协调和利用校内外各项资源，为学生开展一系列围绕创业主题的活动，一方面，让学生在参与活动过程中从素养、知识、技能等方面培养和提升自身的综合能力；另一方面，在学校范围内为师生营造宽松、自主、开放和进取的创业氛围，让丰富多彩的创业活动建设与支持鼓励大学生创业的氛围形成合力，共同激发大学生主动创业的激情和活力。创业活动是创业教育的重要组成部分，通过开展实施丰富多彩的创业活动，可以培养和提升学生的综合素质和能力。为了有效培养能够适应未来市场需求、具备创业技能的就业人才和具备创新创业能力的创业型人才，根据大学生创业教育的能力模型，为培养和提升学生的综合能力，活动类型可涵盖素养类、知识类和技能类，使得学生的素养、知识和技能得到协同发展，从而为学生未来就业和创业奠定更坚实的基础。

7. 建设全面的创业教育支持体系

创业教育是一个长期浩大的系统工程，不仅是高校的工作，也是社会、政府、高校共同的责任和义务，需要得到高校、政府、行业、企业等组织的广泛支持。

首先，政府在高校开展创业教育的过程中扮演着倡导者和扶持者的重要角色，没有政府相关政策体系的支持，高校创业教育将流于形式。政府制定政策应该从市场需求出发，为大学生创业提供良好的环境，提供扶持优惠政策。同时，政府还要健全创业相关的法律法规，为大学生创业搭建投融资平台和信用平台，保障创业环境、创业教育环境的不断优化。

其次，创业教育的目的并不是简单地培养学生自主创业，企业、行业组织在大学生的创业教育过程中同样扮演着重要角色。创业教育具有很强的实践性，企业不仅可以从资金上支持大学生创业教育，更能为学生提供实践环境。

最后，高校的校友也是创业教育支撑体系的一部分。校友资源是一种很宝贵很特别的资源。校友在获得一定的成功后，重回母校总会有一种亲切感，把为母校的建设和发展尽自己的一分力量视为一种义不容辞的责任。很多校友可以利用自己的资源，即自身的经济实力、对社会的影响力和人际关系为母校筹集资金。这样不仅能够提高学校的声誉，而且也有利于学校争取社会其他方面的资助。校友的参与直接影响到学校的招生、招聘，他们的积极参与足以显示母校在他们心目中的地位，也有助于证实创业教育所带来的积极效果。

参考文献

［1］班晓娜：《发达国家大学生创业教育的发展及对我国的启示》，《CEPE 中国电力教育》2010 年第 34 期，第 4 - 6 页。

［2］柴旭东：《中国、美国和印度三国大学创业教育比较》，《高校教育管理》2009 年第 1 期，第 85 - 92 页。

［3］常建坤、李时椿：《财经类院校创业教育培养模式与实施方案的研究》，《哈尔滨商业大学学报》（社会科学版）2003 年第 5 期，第 113 - 116 页。

［4］陈浩凯、徐平磊：《印度和美国的创业教育模式对比与中国的创业教育对策》，《中国高教研究》2006 年第 9 期，第 45 - 48 页。

［5］陈秋英：《台湾高校创业教育的发展及借鉴》，《创新与创业教育》2012 年第 6 期，第 100 - 103 页。

［6］陈雁、符崖、陈晔、田婧：《国外高校创业教育模式与中国高校创业教育的思考》，《创新与创业教育》2015 年第 1 期，第 134 - 156 页。

［7］高辉、赵文亮、程文玲：《美国创业教育对我国高职教育的启示》，《昆明冶金高等专科学校学报》2011 年第 4 期，第 54 - 57 页。

［8］郭连锋：《美国高校创业教育课程体系与教学模式：特点及启示》，《继续教育研究》2013 年第 5 期，第 155 - 157 页。

［9］韩琪瑄：《美国高校创业教育课程体系研究》，河北大学硕士学位论文，2013 年。

［10］韩道友：《借鉴德国经验完善应用型本科院校创业教育》，《合肥学院学报》2011 年第 2 期，第 62 - 64 页。

［11］韩建华：《英国高校创业教育研究——以牛津大学赛德商学院创业教育实践为例》，河北师范大学硕士学位论文，2011 年。

［12］何郁冰、周子琰：《慕尼黑工业大学创业教育生态系统建设及启示》，《科学学与科学技术管理》2015 年第 10 期，第 41 - 49 页。

［13］胡宝华、唐绍祥：《高校创业教育课程设计探讨——来自美国百森商学院创业教育课程设计的启示》，《中国高教研究》2010 年第 7 期，第 90 - 91 页。

［14］胡立强：《英国创业教育的历史沿革探析》，《继续教育研究》2014 年第 3 期，第 142 - 144 页。

［15］胡瑞：《英国大学生创业教育实践路径探析》，《复旦教育论坛》2012 年第 1 期，第 83 - 87 页。

［16］胡瑞：《高水平大学创业教育发展策略——以剑桥大学为例》，《复旦教育论坛》2015 年第 2 期，第 49 - 53 页。

［17］胡万钦、户可英：《美国日本大学生创业教育比较分析》，《黑龙江高教研究》2015 年第 5 期，第 51 - 53 页。

［18］黄爱珍：《美英日创业教育模式的比较及对我国的启示——基于百森商学院、赛德商学院和高知工科大学的例子》，江西财经大学硕士学位论文，2012 年。

［19］黄兆信、曾尔雷、施永川：《美国创业教育中的合作：理念、模式及其启示》，《高等教育研究》2010 年第 4 期，第 105 - 109 页。

［20］黄兆信、朱雪波、王志强：《欧盟创业教育的实施路径与变革趋势》，《全球教育展望》2015 年第 2 期，第 80 - 89 页。

［21］黄兆信等：《欧盟创业教育发展战略的演进、特征与关键领域》，《高等工程教育研究》2015 年第 1 期，第 91 - 96 页。

［22］侯东喜：《台湾地区高等院校创业教育相关学程发展述评》，《河北大学学报》（哲学社会科学版）2010 年第 1 期，第 104 - 108 页。

［23］季学军：《美国高校创业历史演进与经验借鉴》，《黑龙江高教研究》2007 年第 2 期，第 40 - 42 页。

［24］贾卫东、卢星辰：《日本高校创业教育经典案例分析及启示》，《河北农业大学学报》（农林教育版）2012 年第 6 期，第 115 - 117 页。

［25］江新、吴云飞：《台湾龙华科技大学创新创业教育实践及启示研究》，《常州信息职业技术学院学报》2015 年第 14 卷第 5 期，第 9 - 12 页。

［26］揭上锋、林亚楠：《中美高校大学生创业教育比较研究及启示——以

美国圣地亚哥州立大学为例》，《东北农业大学学报》（社会科学版）2015 年第 4 期，第 80 - 84 页。

［27］金丽：《英国高校创业教育探究》，东北师范大学硕士学位论文，2009 年。

［28］李伟铭、黎春燕、杜晓华：《我国高校创业教育十年：演进、问题与体系建设》，《教育研究》2013 年第 6 期，第 42 - 51 页。

［29］李艳波、Julie Hardy：《英国高校创业教育发展的特点及其启示》，《宁波大学学报》（教育科学版）2013 年第 6 期，第 23 - 27 页。

［30］李一：《美国高校创业生态系统对我国创业教育的启示——以麻省理工学院为例》，《继续教育》2015 年第 8 期，第 19 - 21 页。

［31］李振玉、李志永：《日本高校创业教育的社会支援举措探析》，《外国教育研究》2013 年第 5 期，第 112 - 118 页。

［32］李慧：《台湾高校创造力教育的实践研究——以四所高校为例》，厦门大学硕士学位论文，2014 年。

［33］李志永：《日本大学创业教育的发展与特点》，《比较教育研究》2009 年第 3 期，第 40 - 44 页。

［34］梁士朋：《美国创业教育的研究及启示——以美国斯坦福大学和百森商学院的创业教育为例》，《医学教育探索》2006 年第 6 期，第 493 - 495 页。

［35］林美貌：《台湾地区高校创新创业教育实践经验及其启示》，《福建论坛》（人文社会科学版）2015 年第 10 期，第 155 - 161 页。

［36］刘碧强：《英国高校创业型人才培养模式及其启示》，《高校教育管理》2014 年第 1 期，第 109 - 115 页。

［37］刘峰：《英国创业教育的历史经验及其启示》，《教育评论》2014 年第 12 期，第 165 - 167 页。

［38］刘尧飞：《欧美高校创业教育典型模式、发展趋势与启示》，《教育探索》2014 年第 3 期，第 148 - 150 页。

［39］马永斌、柏喆：《大学创新创业教育的实践模式研究与探索》，《清华大学教育研究》2015 年第 6 期，第 99 - 103 页。

［40］马章良：《美国、日本、中国大学生创业教育的比较与启示》，《职业技术教育》2011 年第 23 期，第 92 - 95 页。

［41］梅伟惠、陈悦：《美国高校创业教育新纪元："创业美国计划"的出

台、实施与特点》，《高等工程教育研究》2015 年第 4 期，第 82 – 87 页。

［42］梅伟惠：《创业人才培养新视域：全校性创业教育理论与实践》，《教育研究》2012 年第 6 期，第 144 – 149 页。

［43］梅伟惠：《美国高校创业教育模式研究》，《比较教育研究》2008 年第 5 期，第 52 – 56 页。

［44］牛长松、菅峰：《创业教育的兴起、内涵及其特征》，《高等农业教育》2007 年第 1 期，第 25 – 29 页。

［45］牛金成、陆静：《发达国家的创业教育及其启示——基于美、英、德、澳大利亚四国的比较》，《黑龙江高教研究》2013 年第 1 期，第 46 – 49 页。

［46］潘秀秀：《国内外高校创业教育发展趋势研究》，《兰州教育学院学报》2015 年第 5 期，第 88 – 89 页。

［47］庞世佳、蒋春洋、高云：《日本高校创新创业教育的剖析与借鉴》，《高教学刊》2015 年第 21 期，第 12 – 13 页。

［48］蒲清平、赖柄根、高微：《中德大学生创业教育比较》，《中国青年研究》2010 年第 12 期，第 89 – 92 页。

［49］任路瑶、杨增雄：《创业教育：第三本教育护照——国外创业教育研究综述》，《教育学术月刊》2010 年第 11 期，第 17 – 20 页。

［50］任泽中、李洪波：《印度高校创业教育研究》，《教育与职业》2011 年第 9 期，第 96 – 97 页。

［51］尚洪涛：《借鉴英国经验构建我国高校创业教育模式》，《中国电力教育》2009 年第 12 期，第 208 – 210 页。

［52］沈东华：《美国高校创业教育课程设置及其启示》，《中国高教研究》2014 年第 11 期，第 69 – 72 页。

［53］沈茹：《美国大学创业教育的特点及启示》，《中国成人教育》2014 年第 20 期，第 125 – 128 页。

［54］施晓光：《印度高校创业教育：发展中国家的个案》，《比较教育研究》2014 年第 2 期，第 42 – 46 页。

［55］施丽红：《美国创业教育支撑体系的特点及启示》，《教育与职业》2010 年第 5 期，第 158 – 160 页。

［56］史堃：《日本高校创业教育思考》，《中国成人教育》2014 年第 16 期，第 116 – 118 页。

［57］童晓玲：《研究型大学创新创业教育体系研究》，武汉理工大学博士学位论文，2012 年。

［58］王彩华：《我国高校创业教育研究》，华东师范大学硕士学位论文，2007 年。

［59］王娜：《英国高校创业教育研究——以剑桥大学为例》，西南大学硕士学位论文，2010 年。

［60］王桂林、杨志强：《美国、日本高校创业教育发展经验及启示》，《重庆工商大学学报》（社会科学版）2014 年第 3 期，第 151 - 156 页。

［61］王晶晶等：《全球著名商学院创业教育比较及其启示》，《高等教育研究》2011 年第 7 期，第 80 - 86 页。

［62］王章佩：《台湾地区高校创业教育的特色及其启示》，《山东省团校学报》2013 年第 3 期，第 58 - 61 页。

［63］王志强：《一体与多元：欧盟创业教育的发展趋势及其启示》，《教育研究》2014 年第 4 期，第 145 - 151 页。

［64］王琼花、张业平、秦风梅、邱玉辉：《美国创业教育体系构成和支撑分析及其对我国的启示》，《重庆师范大学学报》2013 年第 1 期，第 117 - 122 页。

［65］王森：《德国政府支持大学创业——EXIST 计划概要》，《全球科技经济瞭望》2002 年第 3 期，第 30 页。

［66］汪茧：《美国高校创业教育成功因素探析》，《教育与考试》2010 年第 5 期，第 93 - 96 页。

［67］吴伟、邹晓东、陈汉聪：《德国创业型大学人才培养模式探析：以慕尼黑工业大学为例》，《高教探索》2011 年第 1 期，第 69 - 73 页。

［68］武世兴、杨亚鸿：《美国高校的创业教育——考夫曼创业基金会关于美国高校创业教育研究报告》，《中国大学教学》2011 年第 4 期，第 88 - 92 页。

［69］夏小华：《国外高校创新创业教育的经验与启示——以美国、德国为例》，《鸡西大学学报》2014 年第 6 期，第 4 - 6 页。

［70］谢丽丽：《日本高校创业教育课程模式及典型个案分析》，《教育探索》2010 年第 10 期，第 146 - 148 页。

［71］徐娟、李化树：《大学生创业教育的国际发展趋势》，《社会科学论坛》2008 年第 10 期，第 136 - 139 页。

［72］徐小洲、梅伟惠：《高校创业教育的战略选择：美国模式与欧盟模式》，《高等教育研究》2010 年第 6 期，第 98－103 页。

［73］徐小洲、李娜：《印度创业发展学院开展创业教育的经验与启示》，《高等工程教育研究》2014 年第 5 期，第 147－152 页。

［74］徐琼：《中美大学生创业教育模式比较研究》，中国计量学院硕士学位论文，2013 年。

［75］许公全、邓艳华：《台湾地区创业教育特色与启示》，《中外企业家》2011 年第 11 期，第 150－151 页。

［76］许立新：《英美日印四国大学创业教育的比较与启示》，《教育与现代化》2009 年第 4 期，第 64－69 页。

［77］宣葵葵：《美国百森商学院创业人才培养范式探析》，《现代教育科学》2014 年第 2 期，第 24－28 页。

［78］杨茂庆、袁琳：《基于德国经验的中国大学创业教育思考》，《职业技术教育》2011 年第 10 期，第 84－88 页。

［79］杨晓慧：《创业教育的价值取向、知识结构与实施策略》，《教育研究》2012 年第 9 期，第 73－78 页。

［80］杨晓慧：《我国高校创业教育与创新型人才培养研究》，《中国高教研究》2015 年第 1 期，第 39－44 页。

［81］杨玉兰：《美国研究型大学创业教育课程设置探析——基于三所大学的实证研究》，《现代教育管理》2014 年第 2 期，第 118－122 页。

［82］杨震：《港台地区高校创业教育的特点及启示》，《煤炭高等教育》2013 年第 1 期，第 11－13 页。

［83］游振声、徐辉：《多样化推进：美国高等学校创业教育途径探析》，《比较教育研究》2010 年第 10 期，第 61－66 页。

［84］游振声：《美国高等学校创业教育研究》，西南大学博士学位论文，2011 年。

［85］张昊民、蒋凌玲、马君：《美国著名高校创业教育课程体系的跨案例研究》，《创新与创业教育》2013 年第 6 期，第 94－99 页。

［86］张卫民、母小勇：《美国高校创业教育课程建设路径》，《教师教育研究》2014 年第 5 期，第 94－99 页。

［87］张育广：《美日两国高校创业教育的比较及启示》，《东莞理工学院学

报》2010 年第 2 期，第 95 – 98 页。

［88］张晓宏、张文举：《台湾地区创业教育初探》，《当代经济》2011 年第 9 期，第 102 – 104 页。

［89］张琳琳、张桂春：《美国创业教育实施体系及对我国的启示》，《外国教育研究》2008 年第 1 期，第 80 – 83 页。

［90］赵观石：《美国、瑞典、印度三国大学生创业教育比较及启示》，《教育学术月刊》2009 年第 5 期，第 62 – 64 页。

［91］赵娜：《海峡两岸大学生创业教育发展现状比较研究》，《延边教育学院学报》2013 年第 2 期，第 22 – 25 页。

［92］曾梅华：《台湾地区高校创业学程的特色研究综述》，《新课程研究》2012 年第 4 期，第 178 – 180 页。

［93］周才芳：《英国高校创业教育研究》，广西师范大学硕士学位论文，2011 年。